dtv
premium

Ausführliche Informationen
über unsere Autoren und Bücher
finden Sie auf unserer Website
www.dtv.de

Gene C. Hayden

Bleib dran,
wenn dir was wichtig ist

Die Kunst, Zweifel zu überwinden und
Ziele konsequent zu verfolgen

Aus dem Englischen
von Bettina Lemke

Deutscher Taschenbuch Verlag

Deutsche Erstausgabe 2011
Deutscher Taschenbuch Verlag GmbH & Co. KG, München
© 2009 by Gene C. Hayden
Titel der kanadischen Originalausgabe:
The Follow-Through Factor. Getting from Doubt to Done
Published by arrangement with McClelland & Stewart Ltd.
Deutschsprachige Ausgabe:
© 2011 Deutscher Taschenbuch Verlag GmbH & Co. KG, München
Das Werk ist urheberrechtlich geschützt. Sämtliche, auch auszugsweise
Verwertungen bleiben vorbehalten.
Umschlagkonzept: Balk & Brumshagen
Satz: Greiner & Reichel, Köln
Gesetzt aus der Scala 10,25/13 ·
Druck und Bindung: Kösel, Krugzell
Gedruckt auf säurefreiem, chlorfrei gebleichtem Papier
Printed in Germany · ISBN 978-3-423-24837-2

Inhalt

Einleitung

Es gab einmal eine Zeit, da hätte ich behauptet, ich wäre ganz bestimmt die Letzte, die ein Buch darüber schreiben würde, wie man beharrlich an Ideen und Projekten dranbleibt. Ich verfolgte meine Ziele damals nämlich nicht gerade konsequent. Natürlich hatte ich meine Gründe dafür.

Kurz nachdem ich begonnen hatte, als Wirtschaftsjournalistin zu arbeiten, erkannte ich, dass meine wahre Berufung darin bestand, Dramatikerin zu werden. Also beschloss ich, noch einmal zur Universität zu gehen und einen Magister in Theaterwissenschaften zu machen. Aber ich ließ diese Idee wieder fallen, als ich erfuhr, dass man erst einmal drei Seminare belegen musste, um sich für den Studiengang zu qualifizieren. Für meinen Geschmack musste man sehr viel tun, bevor man mit dem Eigentlichen beginnen konnte.

Als mir zufällig der Auftrag in den Schoß fiel, Reisereportagen über Australien und Florida zu schreiben, entschied ich mich kurzerhand, hauptberuflich als Reisejournalistin zu arbeiten. Aber seltsamerweise hagelte es danach keine Angebote, über exotische Orte zu berichten. Wenn ich jeden Monat meine Miete bezahlen wollte, musste ich wohl aktiv damit beginnen, verschiedenen Reisemagazinen Ideen für Reportagen zu liefern. Doch die Ablehnungsquote für unerfahrene Reisejournalisten lag damals bei 25 zu 1. Warum sollte ich mir das freiwillig antun?

In Wahrheit wollte ich ja ohnehin Romane schreiben. Nach 15-jähriger Tätigkeit als Journalistin stieg ich als Teilhaberin bei einer PR-Agentur ein. Nebenbei arbeitete ich gerade so viel an einem Manuskript, dass ich zwei Mal an renommierten Creative-Writing-Kursen teilnehmen durfte. Es ist mir immer noch peinlich zuzugeben, dass ich beide vorzeitig abgebrochen habe. Aber ich hatte einfach keine Zeit, jede Woche neue Texte zu schreiben.

Ich muss zu meiner Schande gestehen, dass ich mit der Aufzählung meiner unvollendeten Projekte noch ewig fortfahren könnte. Gerade als meine humorvolle Zeitungskolumne richtig erfolgreich wurde, bekam ich kalte Füße, weil ich befürchtete, die Leser würden mich möglicherweise bald nicht mehr so witzig finden.

Manche Menschen sind die geborenen Terrier. Wenn sie einen Knochen zu fassen bekommen, lassen sie ihn um keinen Preis mehr los. Doch das traf auf mich nicht zu. Sie müssten lediglich meinem Keller einen Besuch abstatten, um noch schlagendere Beweise dafür zu erhalten. Unter dichten Spinnweben würden Sie einen unbenutzten Hometrainer und Hanteln finden, außerdem ein originalverpacktes Keyboard inklusive Spielanleitung, eine noch nicht aufgebaute Künstlerstaffelei sowie einen vollgestopften Aktenschrank mit unvollständigen Förderanträgen, halbfertigen Manuskripten und ungeöffneten CDs mit Italienisch-Sprachkursen.

Zu meiner Verteidigung muss ich allerdings sagen, dass es völlig normal für mich war, immer nur mit einer Idee zu liebäugeln, sie aber nicht weiterzuverfolgen. Ich habe den größten Teil meiner Kindheit in einem Auto verbracht. Auf europäischen Autobahnen jagte meine Mutter ihren Träumen hinterher, holte sie jedoch nie ein. Meine Schwester saß auf dem Beifahrersitz, ich im Fond. Und so fuhren wir kreuz und quer durch Europa, sodass Länder, Städte und Schulen miteinander verschwammen wie ein Bild auf einem sich drehenden Kreisel.

Ich kann mich nicht mehr an viele Details aus meiner Kindheit und Jugend erinnern, aber deutlich im Gedächtnis geblieben sind mir die Geschichten meiner Mutter. Immer wieder erzählte sie uns, was sie in der nächsten Stadt alles erreichen würde. Sie wollte mal eine Sprachenschule eröffnen, mal einen Reiseclub, als Dolmetscherin arbeiten, eine Zeitung für Auswanderer herausbringen und ein Theater gründen. Da sie intelligent, einfallsreich und hübsch war und außerdem vier Fremdsprachen fließend sprach, dachte ich wirklich, sie könne das alles schaffen.

Ich hatte allen Grund, daran zu glauben. Wo wir auch hingingen, meine Mutter fand stets einen Job, obwohl sie die erforderlichen Arbeitsgenehmigungen nicht hatte. Es gelang ihr, möblierte Wohnungen anzumieten, obwohl sie die Kaution nicht bezahlen und keine Referenzen vorweisen konnte. Sie überredete zögernde Schuldirektoren, uns in Klassen unseres Jahrgangs einzustufen, obwohl wir die Landessprache häufig noch nicht gut beherrschten.

Jedes Mal, wenn wir in einer neuen Stadt ankamen, war ich überzeugt davon, dass wir nun den Ort gefunden hatten, an dem die Ideen meiner Mutter auf fruchtbaren Boden fallen und unser Leben verändern würden. Und wenn wir dann zwei, drei oder sechs Monate später wieder weiterzogen, glaubte ich meiner Mutter, die erklärte, die Umstände seien nicht günstig gewesen. Meine ältere Schwester drehte sich dann stets zu mir um und verdrehte die Augen, doch sie hatte in mir keine Verbündete. Meine Schwester verstand einfach nicht, mit welchen Widrigkeiten meine Mutter zu kämpfen hatte, ich dagegen schon. Es lag schließlich nicht an meiner Mutter, dass es in irgendeinem Kaff in Spanien kein Interesse an Englischkursen gab. Und woher hätte sie wissen sollen, dass sie in Athen nicht den richtigen Menschen begegnen würde, die sie mit Auswandererkreisen hätten bekannt machen können?

Als ich 13 Jahre alt war, kehrte meine Schwester in unsere Heimatstadt Montreal zurück, um dort zu studieren, und ich zog auf den Beifahrersitz um. Meine Perspektive veränderte sich schlagartig, da ich nun diejenige war, die Stunde um Stunde nach vorne starrte. Viele lange Straßenabschnitte waren absolut austauschbar, das musste ich nun feststellen. Und gleichzeitig wurde mir bewusst, wie sehr sich auch die vielen Geschichten meiner Mutter – was sie nicht alles tun würde oder könnte, wenn ... – wiederholten. Aber ich musste mich entscheiden. Entweder waren die Ideen meiner Mutter – egal wie brillant sie auch sein mochten – nichts als flüchtige Fantasien, weil sie nicht in der Lage oder nicht gewillt war, eine davon konkret umzusetzen. Oder ich glaubte weiterhin, dass sie nur ein Opfer der Umstände war und sich irgendwann die perfekte Gelegenheit ergeben würde.

Das Leben auf der Straße ist häufig schrecklich einsam. Anstatt mich von meiner einzigen Gefährtin zu distanzieren, entschloss ich mich, ihr beizupflichten, wenn sie über die bedauerlichen Widrigkeiten klagte, die sie daran hinderten, ihre Pläne in die Tat umzusetzen. Und so studierte ich auf der Suche nach ihrer Traumstadt weiterhin die Straßenkarten.

Schließlich war es auch für mich an der Zeit, nach Kanada zurückzukehren. Ich flog von Nizza nach Montreal. Vom Fenster der Abflughalle aus signalisierte ich meiner Mutter, dass ich ihr die Daumen drückte, und sah ihr noch lange nach, als sie in Richtung Italien losfuhr. Sie hörte nie auf, ihren Träumen hinterherzujagen.

27 Jahre nachdem ich das Flugzeug bestiegen hatte, starb meine Mutter im Alter von 84 Jahren mit einem Flugticket nach Sydney in ihrer Handtasche. Sie wollte in Australien ein Netzwerk für reiselustige Singles gründen.

Ich selbst wurde Journalistin, denn ich wollte einen Beruf ausüben, der es mir erlaubte, weiterhin das zu tun, was ich am besten konnte – nämlich umherziehen. Jahrelang bereiste ich die ganze Welt und interviewte Menschen aus den unterschiedlichsten Bereichen, die ihre Ziele erreicht hatten. Ehrlich gesagt, ärgerte ich mich auch ein bisschen über diese Leute. Warum lächelte das Glück sie an, nicht aber meine Mutter? Was hatten sie, was meine Mutter nicht hatte?

Als ich Anfang zwanzig war, dachte ich, Erfolgsmenschen hätten besondere, einzigartige Fähigkeiten, die sie von den Normalsterblichen unterschieden. Aber es dauerte nicht lange, bis ich diesen Trugschluss erkannte. Viele meiner Gesprächspartner waren weder besonders brillant noch außergewöhnlich kreativ, extrem wagemutig oder umwerfend schön. Und sie waren die Ersten, die das sofort einräumten. Ich fragte mich daher, was sie von anderen Menschen unterschied, die ein ebenso großes Potenzial hatten, aber nichts anderes vorweisen konnten, als ein gehöriges Maß an Frustration.

Natürlich sind manche Menschen anderen gegenüber im Vorteil. Ich interviewte eine ganze Reihe von Personen, die eine eindeutig bessere Ausgangssituation hatten als die meisten anderen. Es handelte sich um geborene Künstler und Visionäre, begnadete Athleten und Menschen, denen sich aufgrund ihrer Herkunft und Beziehungen viele Türen von selbst öffneten. Aber unter den vielen Hundert Menschen, mit denen ich im Laufe der Jahre gesprochen habe, waren die Gewinner dieser genetischen Lotterie in der Minderheit. Die meisten waren ganz normale Leute, die mit den gleichen Zweifeln und Kämpfen zurechtkommen mussten wie alle anderen auch.

Es drängte mich immer mehr herauszufinden, warum manche Menschen ihre Ziele verfolgten, während so viele andere mit den gleichen Begabungen und Wünschen sich ständig nur im Kreis drehten.

Im Laufe der Jahre verschlang ich zahllose Motivationsbücher und besuchte sehr viele inspirierende Vorträge und Seminare, um herauszufinden, was namhafte Experten zu dem Thema zu sagen hatten. Nach ihrer Meinung machen folgende Faktoren das Geheimnis des Erfolgs aus: Zuversicht, Engagement, Mut, Leidenschaft und Entschlossenheit. Es hörte sich ganz danach an, als müsse man ein Superheld mit einem roten Umhang sein, um ein neues Projekt anzufangen oder eine Geschäftsidee zu verwirklichen. Aber die vielen erfolgreichen Menschen, die ich getroffen hatte, waren keine Supermänner oder -frauen, so viel wusste ich.

In der ersten Hälfte meines Berufslebens wechselte ich von einem Job zum nächsten. Ich war zwar nicht ganz so sprunghaft wie meine Mutter, die ständig von einer Stadt zur nächsten zog, aber eine gewisse Rastlosigkeit hatte ich von ihr übernommen. Anfangs kam sie mir sogar zugute. Einige Jahre lang war ich bei einem großen kanadischen Wochenmagazin für die Rubrik »Leute von heute« verantwortlich. Davor war ich Redakteurin bei einer großen Musikzeitschrift. Außerdem habe ich über zehn Jahre für eine Reihe von Unternehmen und weitere Zeitschriften in Nordamerika und Europa gearbeitet. All diese Jobs eröffneten mir einen unmittelbaren Zugang zu Menschen aus allen möglichen Lebensbereichen, die unterschiedlichste Herausforderungen erfolgreich gemeistert hatten, teilweise auch gescheitert waren, dann aber erneut triumphieren konnten.

Es interessierte mich, inwiefern sie sich von meiner Mutter, von meinen Kollegen oder Nachbarn und auch von mir selbst unterschieden. Und fast immer stellte ich fest, dass die Gemeinsamkeiten eindeutig überwogen. Viele gestanden mir, dass sie sich nicht immer leidenschaftlich für ihre Projekte begeistert hatten. Andere verfolgten ihre Ziele, obwohl sie nicht besonders wagemutig oder risikofreudig waren. Etliche meiner Gesprächspartner waren zwischenzeitlich von Selbstzweifeln und Ängsten geplagt worden. Und ebenso viele erzählten mir, dass sie weder übermäßig viel Energie hatten noch über eine besonders gute Intuition verfügten und dass sie sich auch nicht gerade zielstrebig auf eine Sache konzentrierten. Ein erfolgreicher Theaterdirektor gestand mir einmal: »Ich möchte nicht, dass es bekannt wird, aber in meinem tiefsten Inneren bin ich ein absolutes Nervenbündel, das von Versagensängsten geplagt wird. Und trotzdem ist es mir gelungen, ein Theater zu gründen. Stellen Sie sich das einmal vor.«

Auch nach meiner nächsten beruflichen Veränderung untersuchte ich weiterhin die Unterschiede zwischen Menschen, die lediglich viel über Ideen und Projekte redeten, und Leuten, die diese auch umsetzten. Ich arbeitete nun in einer PR-Agentur, die aus Produkten bekannte Markennamen und aus unbekannten Menschen Medien- und Firmenstars machte. Statt nur über erfolgreiche Menschen zu schreiben, unterstützte ich sie aktiv auf ihrem Weg nach oben. Schritt für Schritt begleitete ich sie bei der Umsetzung von Strategien, mit denen sie sich selbst herausragend positionieren konnten. Und da ich nun selbst daran beteiligt war, die Traummaschine zu bedienen, konnte ich endlich die letzten Teile eines Puzzles zusammensetzen, über dem ich seit Ewigkeiten gebrütet hatte.

Der Dranbleibfaktor

Als ich die Antwort gefunden hatte, wie man Ziele trotz aller Widrigkeiten und Hindernisse erreicht, wäre ich gerne auf den Beifahrersitz zurückgekehrt, auf dem ich groß geworden bin. Gerne hätte ich mein Wissen dort weitergegeben, aber es war zu spät. Stattdessen arbeite ich seither als Beraterin.

Ich helfe meinen Klienten, ihre Ziele zu erkennen und praktische Strategien zu entwickeln, um den Kampf gegen widrige Umstände und Zweifel zu gewinnen. Mittlerweile habe ich mit Tausenden von Menschen gearbeitet – sowohl in Einzelsitzungen als auch im Rahmen von Workshops und Konferenzen oder als Coach von Teams in Unternehmen. Im Laufe der vielen Jahre, in denen ich Menschen aller Altersstufen und aus allen Lebensbereichen zugehört habe, erkannte ich, dass wir letztlich alle das Gleiche anstreben: Wir wollen vorwärtskommen.

Jeder von uns hat seine eigenen Ziele, aber die Sehnsucht voranzukommen ist uns allen gemeinsam. Einen Stillstand zu erleben ist auf die Dauer langweilig – das gilt sowohl für den privaten als auch für den beruflichen Bereich. Und was noch schlimmer ist: Uns beschleicht das unangenehme Gefühl, dass in unserem Leben nichts Spannendes passiert, während andere ständig von interessanten Ereignissen und Wendungen in ihrem Leben berichten können.

Viele Menschen treten ungewollt auf der Stelle – oder sie bewegen sich im Kreis, was auf das Gleiche hinausläuft. Sie sind unsicher, wie sie die Hindernisse umgehen sollen, die ihnen in die Quere kommen. Zu Beginn meiner Workshops stelle ich den Teilnehmern häufig die Frage, ob sie je gute Gründe hatten, ein Ziel nicht weiterzuverfolgen. Und jedes Mal nicken alle zustimmend mit dem Kopf.

Unweigerlich tauchen stets riesige Hürden auf, die sich zwischen uns und unsere großartige Idee drängen. Und es ist vollkommen verständlich, wenn wir uns angesichts besonders entmutigender Hindernisse geschlagen geben und uns auf unsere Ausgangsposition zurückziehen. Diejenigen aber, die erfolgreich bis ans Ziel kommen, ziehen sich nicht zurück. Sie suchen bei jeder Hürde nach einer Alternative, die sie weiterbringt. Aufgrund meiner jahrelangen Untersuchungen weiß ich, dass die meisten Menschen, die konsequent an der Umsetzung ihrer Ziele dranbleiben, nicht zuversichtlicher sind und nicht über mehr Geld, Know-how oder Zeit verfügen als alle anderen. Wie also schaffen sie es? Sie haben etwas, das ich als den *Dranbleib-Faktor* bezeichne. Dieser Faktor ist das einzige Merkmal, das die Macher von den Träumern unterscheidet.

Der Dranbleib-Faktor ist eine Vereinbarung, die man mit sich selbst trifft, ein eisernes Versprechen sich selbst gegenüber, alles Nötige zu tun, um zu erreichen, was einem wichtig ist. Dieser Pakt veranlasst Menschen, ihre Ziele zu verfolgen, selbst wenn das Leben es ihnen nicht leicht macht.

Wenn man eine solche Vereinbarung mit sich selbst geschlossen hat, gibt es kein Zurück mehr. Man fühlt sich dazu verpflichtet, alle Hindernisse anzugehen, die im Weg stehen. Natürlich kann man den Vertrag mit sich selbst brechen und den Umständen erlauben, über das eigene Leben zu bestimmen, aber dann bezahlt man den Preis der Enttäuschung und Frustration. An diesem Punkt ist es weniger leidvoll, sich an die eigene Abmachung zu halten, egal wie sehr man sich dafür auch den Kopf zerbrechen muss. In meinem Fall wäre es beispielsweise weniger leidvoll gewesen, einige Seminare an der Universität in meinen bereits gut gefüllten Stundenplan einzubauen, Zeitschriftenredaktionen Themen für Reisereportagen anzubieten und ein paar Absagen in Kauf zu nehmen sowie einen der Creative-Writing-Kurse bis zum Ende durchzuziehen, als mich selbst immer wieder zu enttäuschen.

Menschen mit dem Dranbleib-Faktor müssen den gleichen Hindernisparcours überwinden wie alle anderen auch. Aber im Unterschied zu anderen lassen sie nicht zu, dass irgendein Problem wichtiger wird als der Pakt, den sie mit sich selbst geschlossen haben. Jeder kann das nötige Umsetzungsvermögen entwickeln. Entscheidend ist lediglich, sich an diese Vereinbarung zu halten. Es ist eine Abmachung zwischen dem Menschen, der man ist, und der Person, die man sein möchte.

Wie Sie dieses Buch nutzen sollten

In den folgenden Kapiteln werden Sie die Gedanken von Menschen kennenlernen, die sich selbst versprochen haben, ihre Ziele allen Widrigkeiten zum Trotz zu verfolgen. Sie werden erfahren, wie diese sich motivieren weiterzumachen, wenn sie mit realen Problemen und Zweifeln konfrontiert werden. Sie werden bewährte Strategien und praktische Übungen kennenlernen, die Ihnen helfen, eine Vereinbarung mit sich selbst zu treffen und sie zu festigen.

Der Weg der guten Absichten ist gepflastert mit dem Wort

»aber«. Wer von uns hätte nicht schon einmal gesagt »Ich möchte ja gerne an meinen Zielen dranbleiben, aber ... ich habe nicht die Zeit / das Geld / die Energie / das Know-how / die Geduld / den Mut / die nötige Begeisterung / die erforderliche Unterstützung / das Selbstvertrauen dafür« oder so etwas Ähnliches? Jedes Kapitel in diesem Buch befasst sich mit einem »Aber«, das den Weg zum Erfolg blockiert. Sie werden erfahren, was Menschen mit dem Dranbleib-Faktor tun, um diese Hürden zu überwinden.

Während Sie Ihre Ziele verfolgen, werden sich die Hindernisse verändern. Vielleicht kommen Sie anfangs zügig voran, mit einer passenden Strategie haben Sie Ihre Ungeduld gut im Griff, nur um nach der nächsten Kurve auf Versagensängste zu stoßen. Wählen Sie daher stets die Kapitel und Übungen aus, die zum jeweiligen Abschnitt Ihrer Reise passen. Allerdings sollten Sie zunächst die ersten vier Kapitel lesen, da diese den Dranbleib-Faktor erläutern und Ihnen helfen zu erkennen, ob Ihre Idee auch stimmig für Sie ist. Jedes Kapitel endet mit einigen »Kernpunkten«, einer kurzen Erinnerung an die Strategien, die erfolgreiche Menschen einsetzen, um Rückschläge zu verhindern.

Zudem finden sich im Buch verstreut einige »Tipps für das Selbst«. Das sind hilfreiche Hinweise für den Umgang mit Kritikern, die sich ungefragt einmischen und Sie – natürlich nur zu Ihrem Besten – dazu drängen, umzudrehen und die Flucht zu ergreifen, wenn Sie auf ein Hindernis stoßen. Zu denjenigen, die Ihnen raten, realistisch und vernünftig zu sein und sich wieder auf sicheres Terrain zu begeben, werden auch skeptische Freunde, stets Nein sagende Verwandte oder zynische Kollegen gehören. Aber den stärksten Dämpfer könnten Sie von Ihrem inneren Kritiker erhalten. Betrachten Sie die »Tipps für das Selbst« daher als eine Art Ausschaltknopf für jegliche Negativität.

Der Dranbleib-Faktor hat die Kraft, Ihre Zweifel auszuräumen und Sie bis ans Ziel zu bringen – das belegen die Beispiele Hunderter Klienten. Sie haben die Ideen und Strategien in diesem Buch angewendet und konnten auf diese Weise ihre Unsicherheit überwinden und ihre Träume in die Tat umsetzen. Und so wie meine Klienten habe auch ich gelernt, meine persönlichen Interessen und Ziele nicht länger in den Keller zu verbannen.

Hätte der Dranbleib-Faktor den sich drehenden Kreisel, den das Leben mit meiner Mutter für mich darstellte, zum Stehen gebracht? Ich bin davon überzeugt. Ein Ziel ist nur etwas wert, wenn man sich selbst verspricht, es auch zu erreichen. Wir hätten uns eine Menge Enttäuschungen und Benzinverschwendung ersparen können, wenn wir erkannt hätten, dass meine Mutter nicht durch widrige Umstände daran gehindert wurde, ihre Ziele zu verwirklichen. Was fehlte, war ein Versprechen sich selbst gegenüber.

Ich hoffe, Sie vereinbaren mit sich selbst, bei der Umsetzung Ihrer Ideen und Ziele konsequent dranzubleiben. Sobald Sie das tun, werden Sie vorwärtskommen und außerdem spannende Geschichten zu erzählen haben, die Ihnen etwas bedeuten. Und hierbei gibt es keinerlei »Aber«.

1 Ja, aber was bedeutet »Dranbleiben«?

Dranzubleiben ist eine Option, die häufig als großes Kopf-zerbrechen daherkommt oder als potenzielle Zeitverschwen-dung. Sie ist daher nicht sehr beliebt. Entscheiden Sie sich dafür, bringen Sie Ihre Überzeugung und Ihre Einsatzbereit-schaft ins Spiel. Entscheiden Sie sich dagegen, kümmert das niemanden. Keiner wird es überhaupt bemerken. Wenn Sie einen Raum betreten, wird mit Sicherheit niemand hinter Ih-rem Rücken den Daumen nach unten senken und Sie damit als Versager abstempeln. Natürlich wird auch niemand auf-springen und Ihnen anerkennend auf die Schulter klopfen. Man wird Sie einfach wie gehabt auch weiterhin gelegentlich zu geselligen Treffen oder zum Abendessen einladen.

Das ist das Tragische bei der ganzen Geschichte. Das Schlimmste, was uns passieren kann, wenn wir nicht kon-sequent an unserem Ziel dranbleiben, ist nichts! Das Leben geht weiter wie bisher. Nichts passiert. So wie das Gegenteil von Liebe nicht Hass, sondern Gleichgültigkeit ist, so ist das Gegenteil des Erfolgs nicht das Scheitern, sondern die Beibe-haltung des Status quo. Und das ist auch in Ordnung. Aller-dings klingt der Begriff *in Ordnung* für die Ehrgeizigen unter uns fast wie ein Schimpfwort.

Ich werde Ihnen verraten, was sonst noch alles allzu sehr »in Ordnung« ist. Die meisten von uns meinen, genug Durch-haltevermögen zu haben. Wenn wir frustriert sind, weil wir noch nicht an dem Punkt stehen, den wir gerne erreichen wol-len, nehmen wir daher nicht zur Kenntnis, dass wir einfach nicht genügend intensiv drangeblieben sind. Wir gehen alle möglichen Gründe durch, aber wir denken nicht im Entfern-testen daran, das Kriterium des Dranbleibens mit auf die Liste zu setzen. Warum sollten wir auch? Wir erfüllen schließlich unsere Pflicht. Wir erledigen unsere Aufgaben. Wir schreiben unsere Berichte, planen unseren Urlaub und halten Ordnung in unseren Schränken. Der letzte Punkt klingt vielleicht etwas übertrieben, aber viele sehen das als den besten Beweis für ihre kompromisslose Entschlossenheit, Dinge ordentlich zu erledigen und zum Abschluss zu bringen.

Wir alle denken, wir seien bessere Autofahrer, als es tatsächlich der Fall ist (mal ganz ehrlich, halten Sie wirklich bei *jedem* Stopp-Schild an?). Und genauso überschätzen die meisten von uns auch ihr Dranbleib-Vermögen. Das liegt daran, dass wir unter »Dranbleiben« in der Regel etwas Falsches verstehen, es bedeutet nämlich etwas anderes, als sich voller Elan auf ein Vorhaben festzulegen. Im Vergleich zum Dranbleiben ist die Einsatzbereitschaft ein Spaziergang im Park.

Einsatzbereitschaft kontra Dranbleib-Vermögen

Bei genauer Betrachtung stellen wir einen entscheidenden Unterschied zwischen der Einsatzbereitschaft und dem Dranbleib-Faktor fest. Sich für etwas einzusetzen erfordert Disziplin; dranzubleiben und etwas konsequent umzusetzen ist eine innere Haltung. Die Einsatzbereitschaft kommt sozusagen mit einem praktischen Handbuch daher. Wenn Sie ein Regal zusammenbauen wollen, sollten Sie sich die mitgelieferte Montageanleitung ansehen. Wenn Sie abnehmen möchten, sollten Sie eine Diät machen und sich an einen Trainingsplan halten. Wenn Sie einen hohen Berg besteigen möchten, sollten Sie zuvor ein Fitnessprogramm absolvieren. Wenn Sie ein Haus kaufen möchten, sollten Sie einen Sparplan verfolgen. Wenn Sie ein Buch schreiben möchten, sollten Sie einen festgelegten Schreibplan einhalten. Einsatzbereitschaft erfordert absolute Entschlossenheit, aber man weiß dafür im Voraus, welches Ergebnis man für seine Mühen erwarten kann.

Die Einsatzbereitschaft ist eine Karte mit gut gekennzeichneten Straßen, die zum Ziel führen. Das Dranbleiben lässt sich eher mit einer Piraten-Schatzkarte vergleichen. Man muss selbst herausfinden, wie man zur markierten Stelle unter den Palmen kommt. Man hat lediglich eine vage Vorstellung davon, welche Richtung man einschlagen muss und wird auf dem Weg durch unkartiertes Gelände unweigerlich auf Probleme stoßen. Man benötigt einen gewissen Abenteuergeist, um sich ins Unbekannte vorzuwagen, da man nie weiß, was einen hinter der nächsten Biegung erwartet oder wie man mit einer überraschenden Situation fertig wird. Möglicherweise erreicht man das Ziel seiner Träume schnell, stößt man jedoch auf unvorhergesehene Schwierigkeiten, kann es um einiges länger dauern, als erwartet. Aber der Dranbleib-Faktor bietet selbst Zweiflern die folgende Garantie: Bleibt man konsequent, wird man einen Ort erreichen, an dem man gerne sein möchte, und man wird dort um einiges weiser ankommen.

Dranbleiben und Einsatzbereitschaft gehören zusammen. Die Einsatzbereitschaft lässt sich mit dem Rumpf einer Idee vergleichen, sie konsequent umzusetzen entspricht den Beinen.

Nehmen wir an, Sie möchten ein Buch über die isländischen Elfen schreiben, 300 Seiten sollen es werden. Wenn Sie sich an Ihren Recherche- und Schreibplan halten, wissen Sie, dass das Ergebnis Ihrer Arbeit ein Manuskript sein wird. Aber sobald Sie die 300 Seiten ausgedruckt haben, sind Sie mit der entmutigenden Frage konfrontiert »Was nun?«. Ein Manuskript in der Schublade liegen zu haben, verändert Ihr Leben keineswegs. Deshalb sind Sie noch keine Autorin mit einer Publikationsliste, und die Welt weiß noch längst nicht, dass Sie eine Expertin für isländische Mythen sind. Wenn Sie Ihr Manuskript in der Schublade liegen lassen, dann werden diese 300 Seiten mit der Zeit nur Staub ansammeln und sonst gar nichts.

Damit aus diesen Seiten ein gebundenes Buch mit Ihrem Namen vorne drauf wird, müssen Sie den Dranbleib-Faktor einsetzen. Und das bedeutet, tief durchzuatmen, Zeit und Geld zu investieren und – das ist das Schwerste dabei – das Ego eventuellen Verletzungen auszusetzen und das Manuskript an Agenten und Verlage zu schicken. Sie können nicht wissen, zu welchem Ergebnis Ihre Bemühungen führen werden, und das kann extrem nervenaufreibend sein. Vielleicht glauben Sie, es sei schwierig, ein Buch zu schreiben. Doch ein Manuskript mit der Aussicht zu verschicken, sich womöglich lauter Absagen einzuhandeln, lässt sich mit einer Wurzelbehandlung vergleichen, die nach und nach an jedem einzelnen Zahn vorgenommen wird.

Der Dranbleib-Faktor ist das *einzige* Kriterium, das Träumer von erfolgreichen Machern unterscheidet. Falls Sie nur Absagen mit der Post erhalten, wird der Dranbleib-Faktor Sie dazu bringen weiterzumachen. Sie können Ihr Buch beispielsweise selbst veröffentlichen. Sollten Sie sich für diesen Weg entscheiden, müssen Sie sich erneut auf unbekanntes Terrain vorwagen, etwa um herauszufinden, wie Sie Ihr Buch vermarkten können. Aber am Ende werden Sie mit Fug und Recht behaupten können, eine Buchautorin zu sein. Außerdem können Sie diese Information in Ihren Lebenslauf aufnehmen und sich anderen Menschen fortan mit den Worten vorstellen: »Vielleicht haben Sie mein Buch schon gesehen ...« All das ist möglich, weil Sie drangeblieben sind!

Im Idealfall beginnt für Sie mit der Veröffentlichung Ihres Textes eine erfolgreiche Karriere als Autorin. Und selbst wenn es nicht so gut läuft, können Sie Ihr Buch nutzen, um sich von der Konkurrenz abzuheben, erwähnen Sie es im Gespräch mit einem potenziellen Kunden oder Arbeitgeber oder aber bei einem Blind Date. In jedem Fall eröffnet Ihnen die Tatsache, dass Sie an Ihrem Buchprojekt drangeblieben sind, neue Möglichkeiten. Außerdem werden Sie zufriedener mit sich sein, als wenn Sie Ihr Manuskript in einer Schachtel im Keller verstaut hätten.

Sie können sich das Dranbleiben wie einen Sturz im freien Fall vorstellen. Verglichen damit ist die Einsatzbereitschaft nur ein Bungeesprung. Natürlich müssen Sie sich auch darauf psychisch vorbereiten und den Mut finden, von der Plattform abzuspringen. Aber Sie tragen immerhin einen Sicherheitsgurt. Und Sie können sich im Vorhinein ausrechnen, wie der Sprung ablaufen wird, zum Beispiel wie häufig Sie an dem elastischen Seil auf- und abschwingen werden, bevor man Sie wieder zur Plattform hochzieht. Das Dranbleiben hingegen gleicht einem Sprung aus dem Flugzeug. Sie richten Ihren Blick auf einen markierten Landeplatz, aber eine plötzliche Böe könnte Sie abdrängen, sodass Sie vielleicht Kilometer von Ihrem Ziel entfernt mit der Wäscheleine im Garten einer Bäuerin kollidieren. Dann müssen Sie sich erst einmal aus den verhedderten Seilen Ihres Fallschirms befreien und einige Kilometer zu Fuß laufen oder sich darum bemühen, von einem Traktor mitgenommen zu werden.

Beim Dranbleiben kann man nie sicher sein, wie der Pfad verlaufen wird. Daher ist ein gewisses Maß an Selbstvertrauen und Zuversicht erforderlich. Wie das folgende Kapitel zeigt, wird der Glaube an sich selbst und an das Projekt häufig auf die Probe gestellt. Aber Menschen mit dem Dranbleib-Faktor verfügen über Strategien, mit denen sie jede Herausforderung meistern können. Darüber hinaus haben sie eine klare Perspektive, die ihnen den Weg weist. Bevor Sie nun an den Start gehen, verrate ich Ihnen noch eine gute Neuigkeit: Sie müssen sich nicht länger auf Ihr Glück verlassen.

Man braucht kein Glück, um dranzubleiben
(wenngleich etwas Glück noch nie geschadet hat)

Der Dramatiker Tennessee Williams hat einmal gesagt:»Glück ist, dass man glaubt, Glück zu haben.« Wenn Sie davon ausgehen, dass das Glück auf Ihrer Seite ist, erlauben Sie sich, ein paar Risiken einzugehen. Und irgendwann zahlt sich das eine oder andere Risiko aus. Es ist letztlich eine Wahrscheinlichkeitsrechnung. Stellen Sie sich vor, Sie nehmen an einer Veranstaltung für Singles teil, begegnen dort aber keinem potenziellen Partner. Je öfter Sie solche Kontaktbörsen aufsuchen, desto größer wird Ihr Netzwerk. Wenn Sie schließlich den richtigen Menschen kennenlernen, dann ist das keine Frage des Glücks, sondern darauf zurückzuführen, dass Sie eine ganze Reihe von Risiken eingegangen sind.

Für meinen Klienten Adam hatte Glück nichts mit Risikobereitschaft zu tun. Seiner Meinung nach war Glück etwas, das ohne eigenes Zutun geschieht – zum Beispiel einen Parkplatz in einer belebten Einkaufsstraße zu finden. Und er war davon überzeugt, dass man diese Art von Glück braucht, um erfolgreich zu sein. Als Adam Probleme hatte, einen größeren Kundenstamm für seine Steuerkanzlei aufzubauen, obwohl er sehr engagiert und zuverlässig arbeitete, glaubte er, einfach »Pech« zu haben. Seine Klienten waren ihm zwar sehr treu, aber sie empfahlen ihn nicht weiter. Adam vermutete, dass sie nun mal nicht zu den Menschen gehörten, die Visitenkarten weiterreichen.

»Ich mache meinen Job wirklich gut«, erzählte Adam mir bei unserem ersten Treffen, »und mein Honorarsatz ist sehr günstig. Eigentlich müssten die Leute mir die Tür einrennen, aber das ist nicht der Fall.«

»Was tun Sie, um dranzubleiben?«, fragte ich ihn.

»Na, ich bringe großen Einsatz und biete einen erstklassigen Service. Das müsste doch weitere Aufträge nach sich ziehen. Ich habe schließlich gezeigt, dass ich gut bin«, erwiderte Adam.

»Leider gibt es auch viele talentierte, aber arbeitslose Pizzabäcker«, bemerkte ich, »das ist traurig, aber wahr.«

Adam zuckte mit den Achseln. »Tja, viele talentierte Menschen haben eben kein Glück.«

Oder sie glauben nicht daran!

Adam war es unangenehm, seine Klienten um eine Weiterempfehlung zu bitten. Er musste seinen Umsatz dringend steigern, befürchtete aber, man könnte ihm seine Verzweiflung anmerken. Also redete er sich ein, dass seine Geschäfte von alleine besser laufen würden, wenn er sich nur darauf konzentrierte, seine Arbeit gut zu machen. Im Prinzip legte er seine berufliche Zukunft in die Hände des Schicksals. Das hatte nichts mit Dranbleiben zu tun, es war reines Daumendrücken.

Häufig glauben wir, gute Leistungen würden automatisch belohnt. Ach wie schön, wenn es so wäre! Dann würde ja schon eine gut gemachte Internetseite reichen, um zu einem beträchtlichen Vermögen zu kommen. Viele meiner Gesprächspartner haben ungeheuer viel Zeit investiert, um einen tollen Internetauftritt zu entwickeln und so ihr Geschäft anzukurbeln. Monatelang haben sie ihre Internetseite korrigiert, Grafiken und Aufklapp-Menüs verbessert und die Seite verlinkt. In dieser Zeit hätte man ohne weiteres ein dreistöckiges Haus renovieren können. War die Seite dann schließlich und endlich fertig, stellte sich häufig eine Art Blues ein, weil der Internetauftritt nun zwar perfekt war, aber keiner davon Notiz nahm.

Manchmal sind wir uns selbst der schlimmste Feind. Wir möchten gerne an den berühmten Satz aus dem Film *Feld der Träume* glauben, den der Farmer Ray Kinsella eines Tages bei der Arbeit auf seinem Maisfeld von einer geheimnisvollen Stimme vernimmt: »Wenn du es baust, werden sie kommen.«[*] Das ist zwar eine nette Vorstellung, die noch dazu weise klingt, aber es ist leider kein guter Geschäftsplan. Trotzdem halten wir uns an diese Devise. Und wenn keine Leute kommen, nachdem wir alles aufgebaut haben, zucken wir resigniert mit den Achseln und nehmen an, dass die Kunden einen besseren Anbieter gefunden haben. Doch in Wirklichkeit stehen keine Leute vor unserer Tür Schlange, weil wir nichts unternommen haben, um sie anzuziehen. Daher lautet ein nicht so poetisches, dafür aber hilfreiches Motto: »Wenn du es gebaut hast, sorge dafür, dass sie kommen!«

Sie können einen Businessplan erstellen, Büroräume anmieten, Visitenkarten drucken lassen, das neueste Equipment kaufen, eine tolle Internetseite erstellen und trotz alledem pleitegehen, wenn Sie nicht dranbleiben. Möglicherweise berufen Sie eine Besprechung nach der anderen ein und reden über Verbesserungen bei den Arbeitsabläufen, um irgendwann festzustellen, dass sich trotzdem nichts ändert. Sie können Monate damit zubringen, Adressen von Immobilienbesitzern in Italien herauszusuchen, die an einem Haustausch während des Urlaubs interessiert sind, und trotzdem nie einen Fuß auf italienischen Boden setzen.

Adam stand mit seiner Steuerkanzlei kurz vor dem Aus, daher entschloss er sich, etwas zu wagen. Er warf seine alten Überzeugungen über Bord und verfolgte einen mutigen Plan. Obwohl es ihn große Überwindung kostete, ging er nun viel offensiver vor, um neue Aufträge zu bekommen. Er fasste sich ein Herz und investierte einen Teil seiner Ersparnisse in Werbung. Außerdem tat er sich vorübergehend mit einem Partner zusammen und stellte einen Programmierer ein, mit dem er

---

[*] Ray Kinsella baut daraufhin auf seinem Acker ein Baseballfeld und schafft so einen magischen Ort, an dem Träume Wirklichkeit werden. Längst verstorbene Baseballstars tauchen auf und trainieren auf Rays Spielfeld (Anm. d. Übers.).

ein erfolgreiches Softwareprogramm entwickelte. Damit hatte er eine echte Marktlücke entdeckt.

Ohne sich auf unbekanntes Terrain vorzuwagen, hätte Adam diesen Erfolg nie gehabt. Er wusste nicht, was ihn erwarten würde und musste viele Hindernisse überwinden. Es blieb ihm nichts anderes übrig, als verschiedene Dinge auszuprobieren und zu testen, ob sie sich bewährten. Hätte er nur auf sein Glück gesetzt, würde er wahrscheinlich heute noch darauf warten, dass sich alles von selbst ergibt.

Letztlich läuft alles immer wieder auf Folgendes hinaus: Wir brauchen den Dranbleib-Faktor, um mit unseren Ideen und Projekten weiterzukommen. Stellen Sie sich Ihre Idee einmal als wunderschönes Fahrrad vor. Sie sind ganz angetan davon, polieren es auf Hochglanz und basteln eifrig daran herum. Aber wenn das Fahrrad Sie irgendwo hinbringen soll, müssen Sie sich draufsetzen und losfahren. Das Dranbleiben ist wie eine Fahrradfahrt, die einen Teil von Ihnen sowie das Rad in Schwung bringt. Während der Fahrt könnten Sie natürlich auch herunterfallen. Das Bergauffahren ist vielleicht anstrengend und bergab zu fahren jagt Ihnen möglicherweise Angst ein. Vielleicht liegen auch einige Hindernisse auf dem Weg, denen Sie ausweichen müssen. Aber zwei Dinge sind sicher: Zum einen steuern Sie ein Ziel an, das Sie gerne erreichen möchten. Und zum anderen werden Sie zwischendurch Momente erleben, in denen Sie das Gefühl haben zu fliegen.

Kernpunkte

- Das Schlimmste, was Menschen passieren kann, denen es nicht gelingt, an einer Sache dranzubleiben, ist nichts. Nicht mehr und nicht weniger! Nichts geschieht. Das Leben geht weiter wie bisher. Wenn Sie sich jedoch etwas wirklich wünschen, sollten Sie dranbleiben, damit es Wirklichkeit wird.
- Dranzubleiben bedeutet nicht, eine vorgegebene To-do-Liste abzuarbeiten; es erfordert vielmehr eine abenteuerlustige, mutige Einstellung. Diese innere Haltung benötigt man, um sein Ziel anzusteuern, obwohl man nicht genau weiß, wie man hinkommt.
- Die Einsatzbereitschaft ist ein wichtiger Teil Ihres Plans, aber sie bringt Sie lediglich an den Start. Wenn Sie Ihr Ziel erreichen wollen, können Sie es sich nicht leisten, sich nur auf Ihr Glück zu verlassen. Sie sollten bereit sein vorwärtszugehen, selbst wenn Sie keine Ahnung haben, was genau Sie erwartet.
- Sie können nicht genau wissen, wie Ihre Reise verlaufen wird. Möglicherweise müssen Sie unterwegs einige Umwege machen, aber wenn Sie durchhalten, werden Sie Ihr Ziel erreichen.

2 Ja, aber ich traue mir zu wenig zu

Sie können das Dranbleiben als eine Straße sehen, auf der Sie entlanggehen, ohne zu wissen, was hinter der nächsten Kurve liegt. Wenn Sie am Anfang des Weges stehen und noch kein Ende in Sicht ist, überkommt Sie vielleicht plötzlich ein Gefühl der Angst. Sie befürchten, dass Sie im Begriff sind, einen großen Fehler zu begehen. Was ist, wenn Sie Ihr Ziel nicht erreichen oder wenn Ihre geniale Idee beispielsweise bei Ihren Kollegen keineswegs auf Anklang stößt und Sie stattdessen auf den schlechtesten Platz im Großraumbüro verbannt werden, wo Sie von Neidern und anderen missgünstigen Kollegen umgeben sind? Plötzlich kommen Ihnen die warnenden Worte Ihres Onkels in den Sinn, der Ihnen mit erhobenem Zeigefinger immer wieder sagte: »Es ist besser, in sicherem Fahrwasser zu bleiben, als mit Pauken und Trompeten unterzugehen!« Früher dachten Sie, Ihr Onkel gehöre zu den Menschen, die beinahe krankhaft jedes Risiko scheuen, aber mittlerweile sind Sie sich nicht mehr so sicher, ob seine Einstellung tatsächlich so falsch ist. Möglicherweise fragen Sie sich jetzt ernsthaft, ob Sie Ihre Zielsetzung nicht besser fallenlassen und so weitermachen sollten wie bisher. Schließlich war bisher alles doch gar nicht so schlecht.

Entweder geben Sie nun auf und besinnen sich auf die altbewährten Dinge oder Sie ignorieren die Warnung Ihres Onkels und gehen vorwärts. Aber wie schaffen Sie es, sich diesen letzten Ruck zu geben? Zwei Dinge sind dafür erforderlich: Erstens müssen Sie an sich selbst glauben und zweitens müssen Sie noch stärker an sich selbst glauben.

Es ist keine neue Erkenntnis, dass wir von uns selbst überzeugt sein müssen, wenn wir erfolgreich sein wollen. Das Selbstvertrauen ist eine große Kraft. Deshalb stehen so viele von uns in der Sicherheit ihres Badezimmers vor dem Spiegel und bestärken sich voller Zuversicht. Wer von uns hätte seinem Spiegelbild nicht schon einmal erklärt: »Ich bin toll!«? Aber es ist eine Sache, mit der Zahnbürste in der Hand vor dem Spiegel zu stehen und sich wie ein Sieger zu fühlen und eine andere, die Tür zu öffnen, sich in die reale Welt vorzuwagen und sicheren Schrittes geschickt allen Hindernissen auszuweichen, um die Welt von seinen Fähigkeiten zu überzeugen. Das Selbstvertrauen, das gegen Skeptiker gefeit ist und gegen Stolperfallen, die hinter der Badezimmertür warten, basiert auf mehr als einem aufmunternden Spiegelbild. Es basiert auf dem Glauben an sich selbst.

Um von sich selbst überzeugt zu sein, müssen Sie sich in erster Linie etwas zutrauen. Der Glaube an sich selbst ist wie ein Pferd, das den Wagen zieht, wie die Erde, in die man die Saat ausbringt, wie ein Protein, das den Muskel aufbaut. Es gibt unzählige Metaphern dafür, aber alle führen zu derselben Frage: Wie lässt sich ein unerschütterlicher Glaube an sich selbst entwickeln?

Auf der Suche nach einer Antwort habe ich viele Experten befragt. Ich habe mich an Priester, Rabbis, Zenmeister, buddhistische Lehrer und Philosophen gewandt. Leider hatte niemand ein 12-Schritte-Programm für mich parat, mit dem man den Glauben an sich selbst stärken und das Schicksal beeinflussen kann. Ich erfuhr lediglich, was es heißt, an sich selbst zu glauben, und was nicht.

Hier zunächst eine Zusammenfassung, was es den Weisen zufolge nicht bedeutet:

An sich selbst zu glauben hat nichts mit Wunschdenken zu tun
Selbst wenn Sie sich Ihren Lotterieschein auf die Stirn kleben und Ihre Zahlen drei Mal am Tag laut aussprechen, wird Sie das nicht zum Gewinner machen. Sie können sofort mit dem Daumendrücken und allen anderen Ritualen aufhören. Nur

weil Sie sich etwas wünschen, geschieht es noch lange nicht. So ist es nun mal und damit basta!

An sich selbst zu glauben bedeutet nicht, irgendwelchen Fantasievorstellungen hinterherzujagen
Wenn Sie in einer größeren Gesellschaft kein Wort herausbringen und Ihnen geistreiche Bemerkungen immer erst nachts im Bett einfallen, werden Sie nie eine Talkshow im Fernsehen moderieren. Und wenn Sie der Meinung sind, bei der »Gefährdungshaftung« gehe es um einen schlecht wirkenden Klebstoff, dann sollten Sie Ihren Job auf keinen Fall für ein Jurastudium aufgeben.

An sich selbst zu glauben bedeutet nicht, auf göttliche Fügung zu hoffen
Es geht nicht darum, sich die Zeit mit Schachspielen im Internet zu vertreiben oder den Eiffelturm aus Streichhölzern nachzubauen und auf ein Zeichen zu warten. Menschen, die ständig voller Erwartung ihre E-Mails abrufen und gespannt ihre Nachrichten auf dem Anrufbeantworter abhören, trifft diese Erkenntnis am stärksten.

Lesen Sie nun, was es heißt, an sich selbst zu glauben:

An sich selbst zu glauben bedeutet, von sich wirklich darbietenden Möglichkeiten überzeugt zu sein
Es bedeutet, aus gutem Grund daran zu glauben, dass Sie ein lohnendes Ziel verfolgen und es erreichen können. Vielleicht fehlen Ihnen zu diesem Zeitpunkt noch die nötigen Kenntnisse und möglicherweise müssen Sie bestimmte Fähigkeiten noch ausbauen, aber tief in Ihrem Inneren wissen Sie, dass Sie Ihren Wunsch verwirklichen können. Sie sind sicher, dass das machbar ist. Es liegt nur an Ihnen.

An sich selbst zu glauben bedeutet, davon überzeugt zu sein, das Richtige zu tun
Eins ist sicher, am Ende werden Ihr Glaube an Ihr Projekt sowie Ihre Taten zu etwas Lohnendem führen. Denn das Beste, was Sie für den Menschen tun können, der Sie im Moment sind – ebenso wie für den Menschen, der Sie sein möchten –, ist, Ihr Ziel zu verfolgen.

Wenn Sie an sich selbst glauben, brauchen Sie keine absolute Gewissheit darüber, was kommen wird, und es ist Ihnen auch nicht wichtig, ob andere sich für Ihr Vorhaben begeistern. Der Glaube, der Ihnen die Kraft gibt, Ihre Sache durchzuziehen, stützt sich nicht auf eine Gewissheit und nicht einmal auf eine Hoffnung. Menschen mit dem Dranbleib-Faktor verfolgen ihr Ziel konsequent, weil sie davon überzeugt sind, das Richtige zu tun. Natürlich ist es auch für sie frustrierend, auf Hürden zu stoßen, aber sie fühlen sich viel besser, wenn sie versuchen, die Hindernisse zu überwinden, anstatt das Handtuch zu werfen. Beim Glauben an sich selbst geht es letztlich um persönliche Erfüllung.

In der Regel sind wir nicht in der luxuriösen Situation zu wissen, zu welchen konkreten Ergebnissen unsere Bemühungen führen werden. Aber wir können in jedem Fall darauf vertrauen, dass es unser Leben enorm bereichern wird, wenn wir versuchen, unsere Ideen umzusetzen. Es kann sehr spannend sein, sich auf neues Terrain vorzuwagen. Überdies werden wir viel zufriedener mit uns sein, wenn wir unser Ziel verfolgen, egal wie es auch laufen mag. Bei manchen Ideen lohnt es sich allein schon deshalb dranzubleiben, weil wir uns dadurch selbst treu bleiben. Das Dranbleiben ist ein Pakt, den wir mit uns selbst schließen, um uns selbst gerecht zu werden.

An sich und an sein Ziel zu glauben ist die DNS des Dranbleibens. Wenn Sie zutiefst davon überzeugt sind, das Richtige zu tun, können Sie eine unaufhaltbare Kraft entwickeln. Ihre Überzeugung sollte allerdings aus vollem Herzen kommen, denn Sie können sich dabei nichts vormachen. Sie können sich nicht selbst belügen und so tun, als ob, wenn Sie insgeheim hoffen, dass das Projekt im Sande verläuft oder es Ihnen im tiefsten Inneren egal ist. Wenn Sie ein Ziel nur deshalb verfolgen, weil das scheinbar der leichteste Weg ist oder weil Sie meinen, Sie *sollten* es tun, wird Ihnen die nötige Kraft dafür fehlen. Sie spüren dann nicht, dass es für Sie wirklich stimmig ist. Und ohne dieses Gefühl lässt sich selbst ein Ameisenhügel kaum erklimmen, ganz zu schweigen von einem Berg, der Ihnen im Weg steht. Ein Versprechen, das Sie sich selbst nur halbherzig geben, werden Sie nicht halten.

TIPPS FÜR DAS SELBST

Manche Menschen behaupten vielleicht, Sie besser zu kennen als Sie sich selbst. Das stimmt nicht! Kollegen drängen Sie möglicherweise dazu, einen anderen Aufgabenbereich zu übernehmen, weil sie »wissen«, dass Sie aufgrund der besseren Bezahlung zufriedener sein werden. Freunde raten Ihnen vielleicht davon ab, an einer Fortbildung teilzunehmen, weil sie »wissen«, dass es Sie überfordern wird. Auch andere Menschen haben sich eine Meinung über Sie gebildet und darüber, was Sie wollen oder denken sollten. Aber nur Sie selbst können wissen, was Sie wirklich begeistert oder auslaugt. Nehmen Sie sich vor den Worten »du solltest« in Acht – sie führen häufig zu sinnlosen Aktionen. »Sinnlos« heißt, sie haben keinerlei Bedeutung für Sie.

Der Glaubenstest

Sie können prüfen, ob Ihr Glaube an sich selbst und an Ihr Projekt ehrlich ist, indem Sie ihn einem ultimativen Test unterziehen – das empfehlen die Priester, Rabbis und andere spirituelle Lehrer, die ich dazu befragt habe. Stellen Sie sich dazu folgende Frage: Habe ich wirklich gute Gründe dafür, an mich selbst und an mein Projekt zu glauben? Als ich diese Frage zum ersten Mal hörte, empfand ich sie als sehr schwer. Es kam mir so vor, als erwarteten die weisen Lehrer von den Leuten vorab eine Erfolgsgarantie für ihr Vorhaben. Doch meine Berater belehrten mich eines Besseren.

Jede gute Beziehung basiert auf Vertrauen und Zuversicht. In religiöser Hinsicht geht es beim Glauben um die Beziehung zu Gott; man vertraut auf seinen Glauben und ist von seinen Glaubensvorstellungen überzeugt. Beim Glauben an sich selbst geht es darum, welche Beziehung man zu sich selbst hat. Wenn Sie an etwas dranbleiben, sind Sie davon überzeugt, etwas Richtiges und für Sie Stimmiges zu tun. Sie vertrauen auf Ihre Fähigkeit, es umzusetzen, weil es wichtig für Sie ist. Die Frage »Gibt es gute Gründe, an mich selbst und an mein Projekt zu glauben?« hilft Ihnen daher, sich darüber klarzuwerden, was Ihnen wirklich wichtig ist. Entspricht Ihr Ziel Ihnen tatsächlich? Bringen Sie sich selbst Wertschätzung entgegen, indem Sie Ihr Ziel verfolgen?

Sollte das Ziel Ihren Werten und Vorstellungen nicht entsprechen, gelingt es Ihnen möglicherweise nicht, genug Überzeugung und Zuversicht zu entwickeln. Was motiviert Sie und lässt Sie auch schwierige Hindernisse überwinden? Ist es die Überzeugung, etwas Wertvolles zu tun? Oder treibt Sie ein bestimmtes Bedürfnis an, etwa der Wunsch nach Anerkennung und Geld?

Das Problem mit unseren Bedürfnissen ist, dass sie an uns haften wie ein zu starkes Parfüm. Wir müssen uns lange und intensiv mit vorgetäuschtem Optimismus und scheinbar aufrichtigem Interesse bestäuben, um den Duft unserer Verzweiflung zu überdecken. Aber letztlich können wir niemandem etwas vormachen. Wir bewundern Menschen, die an sich selbst glauben. Aber diejenigen, die aus reinem Bedürfnis heraus handeln, können uns nicht überzeugen.

Fragen Sie, wen Sie wollen. Alle, die jemals irgendein Ziel erreicht haben, werden Ihnen das Gleiche sagen: Man muss es wollen. Es geht nicht darum, ob man es braucht, man muss es wollen! Und Sie wollen es, wenn die Vorstellung, Ihr Ziel zu verfolgen, nicht wie eine lästige Pflicht oder gar abschreckend auf Sie wirkt, sondern inspirierend und machbar. Wenn Sie gespannt darauf sind, was alles passieren wird. Sobald Sie dieses Gefühl haben, glauben Sie auch an Ihr Ziel. Und wenn Sie daran glauben, dann haben Sie allen Grund, davon überzeugt zu sein, dass Sie die Kraft haben werden dranzubleiben.

Kernpunkte

- An sich selbst zu glauben ist die DNS des Dranbleibens. Beim Glauben an sich selbst geht es um die Beziehung zu sich selbst. Wie jede Beziehung muss auch diese auf Vertrauen und Zuversicht basieren.
- Sie sollten davon überzeugt sein, dass es für Sie stimmig ist und sich lohnt, Ihr Ziel zu verfolgen. Und sei es nur, weil Sie zufriedener mit sich sind, wenn Sie es versuchen.
- Sie sollten davon überzeugt sein, dass Sie Ihr Ziel erreichen können, selbst wenn Sie dafür bestimmte Fähigkeiten erlernen und einige Hindernisse überwinden müssen.
- Sie benötigen keine Erfolgsgarantie, um an sich selbst und an Ihr Projekt zu glauben; Sie sollten allerdings spüren, dass Sie sich durch die Verfolgung Ihres Ziels Wertschätzung entgegenbringen.

3 Ja, aber woher weiß ich, ob mein Projekt das Richtige für mich ist?

Wenn wir uns sicher wären, das richtige Ziel zu verfolgen, dann würden wir alle beherzt loslegen und uns unterwegs gegenseitig anerkennend auf die Schulter klopfen. Wir halten keineswegs fröhlich an unserem Status quo fest, denn es macht uns keinen besonderen Spaß, immer und immer wieder das Gleiche zu tun. Vielmehr bleiben wir auf den alten ausgetretenen Pfaden hängen, weil wir nicht wissen, ob es besser für uns wäre, eine neue Richtung einzuschlagen.

Als Julia zum ersten Mal in mein Büro kam, wuchtete sie schwungvoll einen dicken Aktenstapel aus ihrer Tasche und lud ihn mit einem zufriedenen Lächeln auf meinem Schreibtisch ab.

»Auf diesen Seiten habe ich meine Persönlichkeitsmerkmale und Selbsterkenntnisse festgehalten«, sagte Julia.

Es sah aus, als hätte jemand gerade den kompletten Inhalt eines Aktenschranks auf meinem Schreibtisch deponiert.

Julia, eine leitende Angestellte in einem Marktforschungsunternehmen, trug sich bereits seit fünf Jahren mit dem Gedanken, eine Agentur zu gründen. Mit meiner Hilfe wollte sie nun endlich herausfinden, ob es die richtige Entscheidung für sie war. Da ich noch nie einen Sinn dafür hatte, irgendwelche Akten zu sortieren, nahm ich Julias Stapel und schob ihn sanft zu ihr hin.

»Vielleicht können Sie die wichtigsten Punkte ja für mich zusammenfassen?«, forderte ich sie auf.

Julia blätterte eifrig die Persönlichkeitsprofile und zahlreichen Testergebnisse durch, die sie im Laufe der Jahre zusammengetragen hatte und las sporadisch daraus vor.

Ich nahm an, dass Julia nicht erst in hundert Jahren eine

Antwort finden wollte, daher kam ich gleich zum Punkt und fragte sie: »Was machen Sie denn im Laufe eines Arbeitstags gerne?«

Das ist eine einfache, aber großartige Frage, die erstaunlich effektiv ist. Menschen mit dem Dranbleib-Faktor bestätigen, dass diese Frage müheloser und besser als die meisten anderen zu unmittelbaren Erkenntnissen führt. Sie fordert uns nicht auf, darüber nachzudenken, was wir wollen. Sie will auch nicht wissen, was wir uns erhoffen oder was wir uns nicht wünschen. Stattdessen funktioniert sie wie ein Laserstrahl, der all die Dinge beleuchtet, die uns Spaß machen. Wenn wir darüber nachdenken, wie wichtig uns ein Projekt ist, liefert uns diese Frage wertvolle Hinweise.

Julia zählte eine ganze Reihe von Aktivitäten auf, die ihr Spaß machten. Dazu gehörte unter anderem zu kommunizieren, Fragen für bestimmte Testgruppen zu entwickeln oder Daten auszuwerten. Während sie darüber sprach, hielt ich alles auf einem Flipchart fest.

Dann stellte ich Julia die nächste zentrale Frage, die weniger einfach zu beantworten ist. Häufig führt sie zu einer gewissen Verunsicherung und Verärgerung. Bei mir war es jedenfalls so, als ein Dranbleib-Coach sie mir stellte. Und auch Julia reagierte ungehalten.

»Warum macht es Ihnen Spaß ...«, griff ich den ersten Punkt auf, »mit Leuten in Kontakt zu treten?«

»Gefällt das nicht jedem?«, antwortete Julia ungeduldig. Wahrscheinlich dachte sie in diesem Moment daran, ihre Akten wieder einzupacken und jemand anderen zu Rate zu ziehen. »Wir sind doch alle soziale Wesen!«

Ich sah davon ab, meine äußerst wortkargen Tischnachbarn zu erwähnen, neben denen ich vor Kurzem bei einer Hochzeit gesessen hatte. Stattdessen formulierte ich meine Frage anders, damit Julia ihren Nutzwert erkennen konnte. »Was genau gefällt Ihnen an der beruflichen Kommunikation?«

»Ich finde gerne heraus, was andere Leute denken und welche Erfahrungen sie mit einem Produkt oder einer Dienstleistung gemacht haben«, sagte Julia nachdenklich. »Ich komme mir dabei wie eine Detektivin vor, die ermittelt, was die Verbraucher motiviert. Und das macht mir Spaß.«

Julias Begeisterung nahm ab diesem Moment immer mehr zu. Bei jeder Aktivität, die ihr Spaß machte, dachte sie nun bereitwillig über das »Warum« nach. Und auf diese Weise erkannte sie, wie sehr ihr die Gründung einer Agentur am Herzen lag. Sie wollte unbedingt ausprobieren, ob sie es hinbekommen würde. Sollte es schiefgehen und sie sich eines Tages wieder nach einem Job als Angestellte umsehen müssen, würde sie trotzdem froh darüber sein, es zumindest versucht zu haben.

Wenn Sie sich fragen, warum Ihnen etwas Spaß macht, kommen Sie direkt zum zentralen Punkt, nämlich der Bedeutung, die ein Ziel für Sie hat. Es ist der sicherste Weg herauszufinden, worauf Ihr Glaube an Ihr Projekt gründet.

Es geht darum, eine Aktivität nicht nur detailliert zu beschreiben, sondern über die Gefühle, die sie auslöst, zu sprechen. Am leichtesten können Sie diesen Prozess beginnen, indem Sie Ihr Projekt in möglichst kleine Einheiten untergliedern. Fragen Sie sich bei jeder Aufgabe, ob sie Ihnen Spaß macht und überlegen Sie sich dann, *warum* sie Ihnen gefällt. Was empfinden Sie bei dieser Tätigkeit? Die Übung am Ende dieses Kapitels hilft Ihnen, genau das herauszufinden.

»Bin ich gut genug?« ist eine Fangfrage

Sie glauben an Ihre Idee und somit auch an sich selbst, wenn Sie davon überzeugt sind, durch die Umsetzung des Projekts Ihre Beziehung zu sich selbst zu stärken. Aber der Glaube basiert auch auf dem Vertrauen, das Ziel erreichen zu können.

Möglicherweise kommen Sie zu dem Schluss, dass es wichtig für Sie ist dranzubleiben, aber gleichzeitig fragen Sie sich vielleicht, ob Sie dafür entsprechend gerüstet sind. Es wäre nicht ungewöhnlich, wenn Sie sich fragen:»Bin ich gut genug?« Menschen mit dem Dranbleib-Faktor warnen uns vor dieser Frage, denn es ist eine Fangfrage, die häufig zu einem raschen, unnötigen Ende von Projekten führt, bevor diese sich überhaupt entwickeln können.

Nehmen wir an, Sie verfügen über die nötigen Qualifikationen und Fähigkeiten und sind außerdem bereit, etwas Neues zu lernen. In diesem Fall hat die Frage»Bin ich gut genug?« keine Bedeutung. Die Antwort darauf verändert sich nämlich so oft, wie Sie Ihre Socken wechseln. Wenn Sie nach Meinung anderer etwas Beeindruckendes tun, finden Sie sich selbst auch extrem kompetent und ziemlich großartig. Doch dann erleben Sie plötzlich einen schlechten Tag. Vielleicht haben Sie mit einem Kunden zu tun, der bei allem, was Sie sagen, nur die Augen verdreht. Oder Ihr Chef redet mit Ihnen, als wären Sie ein Trottel. Oder Sie hören zufällig, wie andere Leute einen Kollegen, von dem Sie nicht viel halten, über den grünen Klee loben. Plötzlich finden Sie sich gar nicht mehr so toll. Innerhalb von zwei Sekunden fühlen Sie sich nicht mehr kompetent, sondern völlig unzulänglich.

Mit der Frage»Bin ich gut genug?« vergleichen Sie sich automatisch mit anderen. Aber welchen Maßstab sollen Sie anlegen? Soll Julia sich etwa mit einem Marktforschungs-experten vergleichen, der seit zwei Jahrzehnten im Geschäft ist, sechs Bücher über das Thema geschrieben hat und als Gastredner Vorträge an Universitäten hält? Oder soll sie sich mit jemandem vergleichen, der viel weniger Erfahrung hat als sie und nicht einmal in der Lage ist, Teenagern Popsongs zu verkaufen?

Es wird immer Leute geben, die besser sind als Sie, genauso wie es stets Menschen gibt, die weniger talentiert sind, aber das hat überhaupt nichts zu sagen. Egal was Sie tun möchten – um Erfolg zu haben, müssen Sie keineswegs der oder die Beste sein. Denn es ist ja nicht so, als wären nur außergewöhnliche, extrem erfahrene Menschen erfolgreich und als müssten alle anderen sich als Tellerwäscher verdingen. Die meisten Menschen sind keine preisgekrönten Siegertypen und trotzdem durchaus in der Lage, die Bedürfnisse ihrer Kunden zu erfüllen und beruflich weiterzukommen. Schließlich sind auch nicht alle Berufsmusiker absolute Virtuosen und nicht alle Buchautoren heißen J. K. Rowling.

Die folgenden Fragen helfen, Ihren Glauben an sich selbst zu stärken: »Verfüge ich über solide Kenntnisse und Fähigkeiten, auf denen ich aufbauen kann? Und falls nicht, habe ich Lust, sie mir anzueignen?«

Ich selbst zum Beispiel hatte jahrelang eine Geschäftsidee im Kopf. Ich wollte thematisch inspirierte Torten anfertigen. Es ist ein echtes Hobby von mir, großformatige Backbücher zu studieren und mir die Bilder fantastischer Torten anzusehen. Und in einem durch Zucker hervorgerufenen Anflug von Optimismus kaufte ich mir schließlich ein teures Profi-Set zur Tortenverzierung, inklusive Spritzbeutel und zig verwirrender Zubehörteile.

Noch jede Torte, die ich bislang gebacken habe, kam in Form einer abschüssigen Skipiste aus dem Ofen. Und jede Blume, die ich aus meinem Spritzbeutel herausgedrückt habe, sah aus, als wäre sie von einer Kuh wiedergekäut worden. Noch nie ist es mir gelungen, mit verschmierter Krakelschrift mehr als »Alles Gute zum Geb« auf den Kuchen zu schreiben, da mir regelmäßig der Platz ausging.

Sollte ich deshalb meine Idee, eine Torten-Heimbäckerei zu eröffnen, aufgeben? Als ich das meinen Mann fragte, betrachtete er skeptisch seinen Geburtstagskuchen, der zugegebenermaßen einen kleinen Krater in der Mitte hatte (um die rutschige Piste des Lebens zu symbolisieren, erklärte ich), und hörte dann so lange nicht mehr auf zu lachen, bis ich ihm eine Kugel Eiscreme in den Mund stopfte. »Glaubst du wirklich, dass es eine kluge Idee wäre?«, hörte ich ihn murmeln, als er wieder etwas sagen konnte.

Es ist immer klug, ein echtes Interesse zu verfolgen, und sei es nur aus den folgenden beiden Gründen:

1. Die Welt braucht keine weiteren Miesepeter

Wenn wir etwas verwerfen, wofür wir uns begeistern, und uns stattdessen weiterhin mit langweiligen Dingen abmühen, kann uns das ein Gefühl geben, als würden wir langsam im Treibsand versinken. Das fördert unsere gute Laune natürlich mitnichten. Aber es ist viel leichter, schlecht gelaunt zu sein, als etwas Neues zu probieren. Allerdings tun wir niemandem einen Gefallen, wenn wir den leichtesten Weg wählen. Schlecht gelaunte Menschen sind wie Stechmücken. Es gibt zu viele davon, ihr ständiges Genörgel geht jedem auf die Nerven, und, was am schlimmsten ist, sie können andere regelrecht krank machen. Einer Stechmücke oder einem Miesepeter möchte man einzig und allein einen kräftigen Schlag mit einer zusammengerollten Zeitung verpassen.

2. Eine interessante Tätigkeit ist besser für uns

Die Sängerin und Schauspielerin Cher hat einmal etwas sehr Treffendes gesagt: »Ich war reich und ich war arm, und reich zu sein ist besser. Ich war jung und ich war alt, und jung zu sein ist besser.« Die meisten von uns wissen aus eigener Erfahrung, dass es besser ist, etwas zu tun, das uns gefällt, als uns mit Dingen rumzuplagen, die uns keinen Spaß machen. Einer Tätigkeit nachzugehen, die uns zusagt, verleiht uns Energie. Es kommt wirklich nicht darauf an, was wir tun wollen; solange es uns einen positiven Schub verleiht, lohnt es sich, es auf einen Versuch ankommen zu lassen. Berühmt ist das Zitat des Philosophen und Poeten Khalil Gibran: »Alle

Arbeit ist sinnlos ohne die Liebe.« Wenn wir uns mit Projekten beschäftigen, die uns interessieren, sind wir glücklichere Menschen.

Angesichts dieser unstrittigen Fakten gibt es auf die Frage »Ist es klug, Dinge zu verfolgen, die uns begeistern?« nur eine vernünftige Antwort: »Ja, natürlich!« Mein Mann hätte mir lieber zielführende Fragen stellen sollen, um die Eisattacke zu vermeiden, wie zum Beispiel: »Was gefällt dir an der Vorstellung, eine Tortenbäckerin zu sein? Warum begeisterst du dich dafür?« So hätte ich erkennen können, ob es gute Gründe dafür gab, auf meine Fähigkeiten zu vertrauen und mein Ziel zu verfolgen.

Welcher Teil des Backprozesses macht mir Spaß? Das Essen der Torte! Macht es mir Spaß, die Torte herzustellen? Eigentlich nicht sehr viel. Diese Erkenntnis traf mich, als wäre mir ein Sack Mehl auf den Kopf geknallt, und zwar an dem Tag, als ich für die Schulklasse meiner Tochter 32 kleine Törtchen backen sollte, die jeweils mit einem Buchstaben verziert waren. Als ich beim 12. Törtchen ankam, wurde ich ungeduldig. Beim 19. Törtchen schmierte ich den Buchstaben lieblos mit meinem Finger auf den Teig, um schneller fertig zu werden.

Als ich darüber nachdachte, was mir am Backen gefiel und was nicht, erkannte ich sehr schnell, dass mir ein wesentliches Element fehlte, um an meiner Idee dranzubleiben: Ich war nicht überzeugt davon. Die Tortenbäckerei hatte zu wenig mit meinen persönlichen Neigungen zu tun. Mir fehlten solide Kenntnisse und Fähigkeiten – nicht gerade eine gute Voraussetzung. Natürlich hätte ich mir die nötigen Fähigkeiten aneignen können, aber ich verspürte überhaupt nicht den Wunsch oder das Interesse, dies alles zu lernen.

Fassen wir also noch einmal zusammen: Überzeugung und Zuversicht entstehen,

wenn Sie wissen, was das Richtige für Sie ist
Sie sind ehrlich an der Arbeit interessiert, die für Ihr Projekt erforderlich ist, und können sich dafür begeistern. Kommen wir noch einmal auf Julias Beispiel zurück. Sie begeistert sich für die wissenschaftlichen Aspekte der Marktforschung sowie die Analyse der Daten. Und ich selbst kaufe mir nun stets eine fertige Tortenglasur und mache mir nicht mehr die Mühe, die Zutatenliste durchzulesen.

wenn Sie wissen, was Sie können und Ihre Fähigkeiten gerne ausbauen wollen
Julia hat solide Kenntnisse über die logistischen Abläufe in einer Agentur, aber sie weiß, dass sie mehr über Mitarbeiterführung lernen muss. Sie ist motiviert und hat Lust darauf, etwas Neues zu lernen. Ich dagegen würde mir bereits während meines Backkurses Gedanken darüber machen, ob ich anschließend die Kuchenformen abspülen muss.

wenn Sie den Berg erklimmen möchten, einfach weil er da ist
Es kann frustrierend sein, auf dem Weg nach oben einen kleinen Schritt nach dem anderen zu machen. Der Pfad kann uns endlos erscheinen. Aber noch schlimmer wäre es, den Berg nicht zu erklimmen. Julia wäre von sich selbst enttäuscht, wenn sie nicht versuchen würde, ihre eigene Agentur aufzumachen. Ich dagegen bin glücklich, wenn ich weiterhin über meinen Backbüchern sitze und mir die schönen Fotos der gelungenen Torten anderer Leute ansehe.

Kernpunkte

- Fragen Sie sich, inwiefern Ihr Vorhaben etwas mit Ihren Interessen und Neigungen zu tun hat. Das ist der sicherste Weg, um zu erkennen, worauf Ihr Glaube an Ihre Idee basiert.

- Am leichtesten fällt der Einstieg, indem Sie Ihr Projekt in möglichst kleine Einheiten untergliedern. Fragen Sie sich bei jeder Aufgabe, ob sie Ihnen Spaß macht. Danach überlegen Sie, *warum* sie Ihnen gefällt. Was empfinden Sie, während Sie sich dieser Aufgabe widmen?
- Vermeiden Sie es, sich zu fragen, ob Sie »gut genug« sind, um Ihren Plan umzusetzen. Wenn Sie davon ausgehen, dass Sie über die nötigen Fähigkeiten verfügen und bereit sind, etwas Neues zu lernen, hat diese Frage keine Bedeutung. Die hilfreicheren Fragen lauten: »Verfüge ich über solide Kenntnisse und Fähigkeiten, auf denen ich aufbauen kann? Habe ich gegebenenfalls Lust, sie mir anzueignen?«

Übung

Ein kurzes Gespräch darüber, was das Richtige für Sie ist

Es gibt einige zentrale Fragen, die Ihnen dabei helfen herauszufinden, ob es im Moment stimmig für Sie ist, an einer Idee dranzubleiben.

Während Sie die einzelnen Punkte in der folgenden Übung mit sich selbst besprechen, sollten Sie darauf achten, nicht in gewohnte Muster zu verfallen. Die Reaktion eines meiner Klienten veranschaulicht, in welche klassische Falle man bei dieser Übung tappen kann. Er sagte: »Warum soll ich mir die Mühe machen, mit mir selbst zu sprechen? Ich weiß doch schon, was ich denke.«

Es besteht ein himmelweiter Unterschied zwischen einer Standardantwort auf eine Frage und echtem Nachdenken. Sich die üblichen Antworten zu geben, ist, als würden Sie einen Autopiloten einschalten. Er führt Sie nur dorthin, wo Sie immer schon waren. Denken Sie also ernsthaft nach, bevor

Sie antworten, überwinden Sie alle gewohnten Programmierungen.

Die folgende Übung hilft Ihnen dabei, einen kontemplativeren Dialog mit sich selbst zu führen. Stellen Sie sich vor, Sie reisen weit weg von zu Hause in einem Zug durch die Nacht. In Ihrem Abteil sitzt außer Ihnen ein Fremder, der Weisheit und Güte ausstrahlt. Nach einer Weile beginnen Sie ein Gespräch mit ihm. Sie wissen, dass Sie diesen Menschen nie wieder sehen werden, und dieses Wissen ermöglicht es Ihnen, vollkommen ehrlich zu sein. Vervollständigen Sie nun die Sätze in dem Gespräch mit dem Reisenden.

Sie: Es gibt etwas, das ich schon immer gerne mal tun wollte.
Der Reisende: Worum handelt es sich?
Sie: Ich wollte immer schon mal ...

_____

_____

_____

Der Reisende: Warum ist das für Sie von Bedeutung?
Sie: Es ist mir wichtig, weil ich ...

_____

_____

_____

Der Reisende: Gibt es noch einen Grund, warum es wichtig für Sie ist?
Sie: Tief in meinem Inneren wünsche ich mir ...

_____

_____

_____

Der Reisende: Wenn Sie Ihre Idee weiterverfolgen, werden Sie wahrscheinlich auf einige Hindernisse stoßen. Welche Hindernisse werden das Ihrer Meinung nach sein?

Sie: Ich rechne damit, dass …

_____

_____

_____

Der Reisende: Ist Ihr Wunsch, ans Ziel zu kommen, größer als die Hindernisse, die Sie dafür überwinden müssen?

Sie:

_____

_____

_____

Der Reisende: Ich möchte Sie noch etwas fragen. Was würden Sie von sich denken, wenn Sie Ihr Ziel aus den Augen verlieren würden?

Sie: Vermutlich würde ich denken …

_____

_____

_____

Der Reisende: Sie können es schaffen. Um dranzubleiben, sollten Sie einen Pakt mit sich selbst abschließen. Unterschreiben Sie bei der Linie, das ist der erste Schritt …

_____

Ihre Unterschrift   Datum

4 Ja, aber ich weiß nicht, was mir wichtig ist

Manchmal sind wir uns einfach nicht sicher, was wir wollen. Wir denken zwar, wir wüssten es, aber wir können nicht ausschließen, uns zu täuschen. In der Tat können wir uns unsere Wünsche auch wieder ausreden. Mithilfe des Worts »vielleicht« jonglieren wir alles wie ein Jo-Jo hin und her.

»Ich glaube, ich möchte dieses Projekt angehen, aber vielleicht will ich es gar nicht wirklich. Vielleicht finde ich ja noch etwas Besseres. Vielleicht sollte ich aufhören, diese Selbstgespräche zu führen und lieber ins Kino gehen.«

Nur weil Sie die Jo-Jo-Taktik meisterhaft beherrschen, heißt das noch lange nicht, dass Sie entscheidungsschwach sind und nicht wissen, was Sie wollen. Angesichts verschiedener Wahrheiten sind Sie einfach überfordert. In der Auseinandersetzung mit sich selbst können Sie allen Aspekten etwas Wahres abgewinnen. Und das aus gutem Grund – denn es gibt keine allumfassende, allein gültige Wahrheit, die Sie leiten könnte.

Es gibt nicht einmal eine einzige allgemeingültige Definition des Wahren. Im Laufe der Jahre habe ich so viele Deutungen von Philosophen, Wissenschaftlern, Anwälten und Schriftstellern gehört, dass ich davon regelrecht Kopfschmerzen bekam. Diese ausgewiesenen Denker stimmen im Prinzip nur darin überein, dass das Wahre etwas Subjektives ist.

Diejenigen, die behaupten, es gebe so etwas wie eine objektive Wahrheit, verschwenden ihre Zeit, vor allem, wenn sie versuchen, Philosophen davon zu überzeugen. Die Philosophie zeigt, dass eine objektive Wahrheit, die auf beobachtbaren, unverfälschten Fakten basiert, jeweils nur zu einer bestimmten Zeit und an einem bestimmten Ort gültig ist. Verändern sich Zeit und Ort, hat das, was wir als unbestreitbar wahr befunden haben, keinen Bestand mehr.

So behaupteten alle Astronomie-Lehrbücher bis zum Sommer des Jahres 2006, Pluto sei ein Planet. Doch dann hat er seinen Planetenstatus verloren. Und wenn man sich die Liste der Physik-Nobelpreisträger durchliest, stellt man fest, dass immer wieder jemand für eine neue Erfindung ausgezeichnet wurde, etwa einen neuen Supraleiter oder eine neue Verbindung, die man bis dahin nicht für möglich gehalten hatte. Angesichts dieser sich ständig verändernden Tatsachen ist es kein Wunder, dass wir zögern, uns unwiderruflich einer sogenannten Wahrheit zu verschreiben.

Da sich das, was für uns wahr und stimmig ist, ständig verändert, können wir nicht auf Dauer behaupten, dass eine bestimmte Idee das Beste für uns ist. Denn wie die Philosophen uns zeigen, lässt sich das Wahre lediglich als Perspektive definieren. Und Perspektiven verändern sich, je nachdem, wann man sich wo befindet. Daher ist es für uns an einem Tag richtig und stimmig, all die Zweifel in den Wind zu schlagen und unser Ziel entschlossen zu verfolgen, und am nächsten Tag sehen wir vielleicht alles vollkommen anders.

Viele Menschen haben mit diesem Dilemma zu kämpfen, aber es haben wahrscheinlich wenige mehr damit gerungen als ich. Wenn es einen Preis für den größten Wankelmut gäbe, hätte ich bereits eine ganze Sammlung davon. Ich war eine Meisterin im Hin-und-her-Überlegen. Ich konnte die Dinge so geschickt aus verschiedensten Perspektiven betrachten, dass ich nie lange bei einer Perspektive blieb.

Mein Zustand, der unglaublich viele Jahre anhielt, lässt sich in drei Worten beschreiben. Ich war hin- und hergerissen. Und das bei allen Dingen; paradoxerweise sogar angesichts der Vorstellung, ein Buch zum Thema Dranbleiben zu schreiben. Gerne würde ich behaupten, dass ich die Idee zu diesem Buch erst vor akzeptablen drei Jahren hatte. Aber ehrlich gesagt erkannte ich vor circa zwölf Jahren zum ersten Mal, dass der Dranbleib-Faktor das fehlende Bindeglied zwischen einem Wunsch und seiner Verwirklichung ist. Schon damals hatte ich Lust, ein Buch darüber zu schreiben.

Aber war es auch stimmig für mich, diesem Projekt nach der Arbeit viele Stunden zu widmen? Ich war wirklich von der Idee überzeugt und sie reizte mich sehr, aber gleichzeitig wollte ich all meine freie Zeit mit meiner Familie verbringen und zudem Zeitschriftenartikel über andere Themen verfassen. Ehrlich gesagt konnte ich all meinen Vorstellungen und Plänen etwas abgewinnen.

Jedes Mal, wenn ich eine Idee hatte, nahm ich mich selbst gnadenlos ins Kreuzverhör, bis ich mich selbst um eine Pause anflehte. Meine Fähigkeit, mich selbst zu verhören und dabei einzuschüchtern, ließ mich sogar darüber nachdenken, Anwältin zu werden. Aber auch diese Überlegung endete in einem Kreuzverhör, sodass ich wie üblich hin- und hergerissen war.

Zum Glück kann man die Fähigkeit dranzubleiben erlernen. Und das habe ich getan. Ich erkannte, dass ich mein unschlüssiges Verhalten nur verändern konnte, indem ich das, was für mich wahr und stimmig ist, neu definierte. Menschen, die dranbleiben, sehen das Wahre nicht als eine gültige Perspektive, sondern als eine Quelle positiver Energie. Jede Perspektive hat etwas für sich. Aber schenkt jede Perspektive uns auch gleich viel Energie? Diese Frage sollten sich die Unschlüssigen stellen.

Es ist eine Frage, die unser Leben verändern kann, aber was tun wir, wenn wir nicht sofort eine Antwort darauf parat haben? Manche Menschen nehmen die leisesten Veränderungen in ihrem Energiehaushalt wahr, andere hingegen scheinen nicht mit einer solch sensiblen inneren Richterskala geboren zu sein. Doch interessanterweise sendet der Körper meist laute Signale aus, wenn wir Entscheidungen treffen, hinter denen wir gar nicht stehen. Irgendeine negative körperliche oder psychische Reaktion geht fast immer mit einem ungewollten Verhalten einher. Nehmen wir an, Sie machen ein Angebot für eine Eigentumswohnung, zu der all Ihre Freunde und Bekannten Ihnen geraten haben, weil sie ganz begeistert davon sind. Aber anstatt Vorfreude zu empfinden, fühlen Sie sich ganz elend. Oder nehmen wir an, Sie entschließen sich, Ihre berufliche Selbstständigkeit aufzugeben und sich einen geregelten Vollzeitjob zu suchen. Doch als ein Arbeitgeber bei Ihnen anruft, um Ihnen eine Stelle anzubieten, möchten Sie am liebsten von der nächsten Brücke springen. Umgekehrt verleiht es uns unglaublich viel Energie, wenn wir große, spannende Entscheidungen treffen, die für uns stimmig sind.

Allerdings sind die meisten Entscheidungen nicht bedeutend genug, um unser Energielevel deutlich zu verändern. Wenn Ihr Körper Ihnen keine eindeutigen Signale sendet, sollten Sie sich die folgenden drei Fragen stellen, um herauszufinden, welches Energiepotenzial hinter einer Entscheidung steckt:

1. Warum möchte ich diese Idee verwirklichen?

Wenn Sie schon seit Langem eine Idee im Kopf haben, gleicht sie irgendwann einem Eisberg. Sie denken über Ihr Vorhaben nach und sprechen darüber, aber Sie kratzen dabei nur an der Oberfläche. Dabei ist es wichtig, tiefer zu gehen und sich zu fragen, was unter der Oberfläche liegt. Warum löst Ihre Idee den Wunsch bei Ihnen aus, noch heute loszulegen?

Santos, ein viel beschäftigter Architekt, war unzufrieden mit sich selbst, weil er einen lang gehegten Plan noch nicht verwirklicht hatte. Er wollte neben seiner Arbeit ein Abendstudium in Archäologie absolvieren. Auf meine Frage nach dem Warum hatte er keine richtige Antwort.

»Vermutlich will ich es, weil ich es mir schon so lange vorgenommen habe«, antwortete er. »Wenn ich es mir recht überlege, gibt es eigentlich keinen anderen Grund.«

»Hätten Sie denn Lust darauf, abends in Vorlesungssälen zu sitzen und die Wochenenden mit Lernen zu verbringen?«, hakte ich nach.

»Nein, überhaupt nicht«, erwiderte Santos. »Hm, mir scheint, als könnte ich endlich damit aufhören, mir ständig diesen Druck zu machen«, sagte er schließlich erleichtert.

2. Gibt es andere Möglichkeiten, meine Wünsche zu verwirklichen?

Wenn Sie erkannt haben, warum Sie Ihren Plan verfolgen möchten, sollten Sie überlegen, ob es alternative Wege gibt, an Ihr Ziel zu kommen. Santos fand andere Möglichkeiten, sich intensiv mit Archäologie zu befassen. So nahm er voller Begeisterung an einer Expedition teil und arbeitete im Urlaub hin und wieder als ehrenamtlicher Helfer bei archäologischen Ausgrabungen.

Ich selbst begann mit Klienten zu arbeiten und Seminare zum Dranbleib-Faktor zu halten. Aber um einer größeren Anzahl von Menschen bei der Verwirklichung ihrer Ideen zu helfen, sah ich keine andere Möglichkeit, als ein Buch zu schreiben. Es war der einzige Weg, diesem Ziel näher zu kommen.

3. Was kostet es mich?

Jede Aktivität erfordert eine bestimmte Investition. Es muss sich nicht unbedingt um Geld handeln, aber sicherlich sind Zeit, eine gezielte Ausrichtung und Energie erforderlich. Was kostet es Sie also, Ihre Idee zu verfolgen, und wie reagiert Ihr Bauch darauf? Andersherum gestellt, lautet diese Frage: Welchen Preis müssen Sie bezahlen, wenn Sie Ihren Plan nicht umsetzen? Und wie reagiert Ihr Bauch darauf?

Santos Bauch reagierte laut und deutlich auf diese Frage. Er hatte gar kein gutes Gefühl angesichts der Vorstellung, viel Geld und Zeit in ein weiteres Studium zu investieren. Aber er hatte kein Problem damit, sein Urlaubsgeld für eine organisierte Expedition auszugeben.

Die Frage half auch mir sehr gut weiter. Die Vorstellung, meine Arbeitstage zu verlängern, gefiel mir überhaupt nicht, weil ich dann weniger Zeit für meine kleine Tochter gehabt hätte. Gleichzeitig war ich unzufrieden, weil ich mein Buchprojekt immer wieder aufschob. Es gab nur eine Möglichkeit, die mich zufriedenstellte: Ich musste meinen Tag neu strukturieren, um wenigstens etwas Zeit zum Schreiben zu haben, selbst wenn ich deshalb ein paar Aufträge ablehnen musste.

Die obigen Fragen verdeutlichen, wie viel Energie die verschiedenen Optionen für Sie bereithalten. Manche Antworten werden Ihnen Energie verleihen, andere werden Sie extrem langweilen. Angesichts verschiedener Perspektiven, die alle etwas für sich haben, geht es allein darum, sich von der Energie leiten zu lassen. Das wissen Menschen mit Dranbleib-Faktor.

Wenn Sie sich also diese Fragen stellen, sollten Sie nicht bei der ersten Antwort stehen bleiben, sondern so weit wie möglich nachbohren. Gehen Sie all Ihren Antworten weiter auf den Grund, indem Sie sich fragen »Warum?«. Nehmen wir an, Sie möchten sich beruflich verändern. Fragen Sie sich: »Welche zehn Gründe habe ich dafür?« Ich fordere meine Klienten oft dazu auf, mir bei einer einzigen Frage elf Gründe zu nennen. Für die meisten wird es ab der sechsten Antwort mühsam, aber erst wenn man die einfachen, offensichtlichen Antworten gegeben hat, dringt man gedanklich tiefer vor und trifft den Kern der Sache.

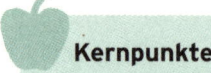

Kernpunkte

- In der Regel wird das Wahre als gültige Perspektive definiert. Aber Perspektiven verändern sich abhängig vom Zeitpunkt sowie vom Standpunkt des Betrachters.
- Wenn Sie darüber nachdenken, ob Sie eine Idee weiterverfolgen sollen, wechseln Sie vielleicht zwischen verschiedenen Perspektiven hin und her. An diesem Punkt kommen Sie nur voran, indem Sie das, was für Sie wahr und stimmig ist, als Quelle positiver Energie definieren. Schließlich hat jede Perspektive etwas für sich. Aber schenkt jede Perspektive Ihnen auch gleich viel Energie? Falls Sie nicht eindeutig erkennen können, welche Option Ihnen am meisten Energie verleiht, sollten Sie sich die folgenden drei Fragen stellen:
  1. Warum möchte ich diese Idee verwirklichen?
  2. Gibt es andere Möglichkeiten, meine Wünsche zu verwirklichen?
  3. Was kostet es mich?
- Denken Sie über Ihre Antworten nach, dann werden Sie spüren, wie viel Energie die verschiedenen Optionen für Sie bereithalten.

Übung

Die eigene Unentschlossenheit beenden

Wankelmütige sind nicht entscheidungsschwach. Sie haben vielmehr eine große Begabung, Dinge aus verschiedenen Perspektiven zu betrachten. Aber ebendieses Talent kann zum Problem werden, wenn sie bei jedem Thema ständig hin- und herspringen und daher nicht vorwärtskommen.
Wenn Sie endlos über die Frage »Was ist für mich stimmig?« nachgrübeln, sollten Sie unbedingt die Fragestellung verän-

dern. Fragen Sie sich stattdessen: »Was verleiht mir am meisten Energie?«

Mithilfe der folgenden fünf Fragen können Sie herausfinden, ob die Verwirklichung Ihres Ziels Ihnen Energie verleiht:

1. Warum möchte ich diese Idee verwirklichen?
(Denken Sie darüber nach, ob es Ihnen nach wie vor wichtig ist, Ihre Idee umzusetzen.)

_____
_____
_____
_____
_____
_____
_____
_____
_____

2. Gibt es andere Möglichkeiten, meine Wünsche zu verwirklichen?
(Prüfen Sie, ob es andere oder gar bessere Möglichkeiten gibt, um die gleichen Ergebnisse zu erzielen.)

_____
_____
_____
_____
_____
_____
_____
_____

3. Was kostet mich die Verwirklichung meiner Ziele?
(Überlegen Sie, wie viel Zeit, Geld oder Energie Sie investieren müssen.)

_____

_____

_____

_____

_____

_____

4. Welchen Preis muss ich bezahlen, wenn ich mein Ziel nicht weiterverfolge?

_____

_____

_____

_____

_____

_____

5. Was verleiht mir mehr Energie – die Vorstellung, mein Ziel zu verfolgen oder mich von der Idee zu verabschieden?

_____

_____

_____

_____

_____

_____

_____

5 Ja, aber wozu das Ganze?

Sam ist ein Skeptiker, jemand, der seine Mundwinkel häufig nach unten zieht und negative Energie verbreitet. Er ist ein Meister darin, spöttisch dreinzublicken und die Augen zu verdrehen. Es gibt Millionen von Sams in allen möglichen Varianten. Sie zucken mit den Achseln, runzeln die Stirn, blicken zur Decke und schütteln bei jeder Idee anderer Menschen den Kopf. Nicht nur der innere Kritiker ist ein Bestandteil unseres Lebens, auch in unserem Umfeld begegnen wir zwangsläufig Kritikern. Wir können ihnen nicht entkommen. Wir sollten stets mit mindestens einem Zweifler rechnen, der mit finsterer Miene über unsere Schulter blickt, sei es am Arbeitsplatz, im Haus unserer Eltern, im Fitnessstudio oder in einem Café.

Wir können vor einem Neinsager wie Sam nicht davonlaufen oder uns vor ihm verstecken, denn sobald wir uns angesichts eines pessimistischen Besserwissers ducken, taucht schon der nächste auf, um uns zu sagen, wie kläglich wir mit unserer Idee scheitern werden. Wenn wir nur lange genug in einem Coffeeshop in der Schlange stehen, können wir beobachten, wie ein Sam einen nichts ahnenden Kunden anspricht, mit dem er zufällig mal fünf Minuten lang auf einer Party geplaudert hat.

»Sieh mal einer an«, sagt dieser Sam. »Mitten unter der Woche sind Sie gar nicht in der Arbeit. Haben Sie etwa im Lotto gewonnen?« Das ist ein typischer Versuch Sams, den anderen in eine peinliche Lage zu bringen.

»Ich bin mein eigener Chef, daher kann ich meine Arbeitszeiten selbst bestimmen. Ich habe mich vor Kurzem selbstständig gemacht«, erwidert der Angesprochene vielleicht höflich.

»Tatsächlich? Was für ein Unternehmen haben Sie denn gegründet?«, fragt der Sam.

»Es handelt sich um einen Internetversandservice.«

»Ach, das ist ja interessant.« Daraufhin folgt eine Pause, in der Sam eine große innere Datenbank mit schlechten Nachrichten durchforstet, um genau die Information herauszufiltern, mit der er den anderen verunsichern kann.

»Hm, ich habe kürzlich einen Bericht über den Versandhandel im Internet gelesen«, fährt der Sam fort. Sein Tonfall lässt erahnen, dass er seinen Gesprächspartner gleich mit einer vernichtenden Tatsache konfrontieren wird. »Offenbar sind die goldenen Zeiten schon wieder vorbei.«

Nun kann man darauf warten, dass Sam sein Gegenüber mit unfundierten »Fakten« bombardiert. »Vor einer Weile haben sehr viele Leute solche Internetfirmen gegründet, aber jetzt mussten sie alle Insolvenz anmelden. Wenn man kein riesiges Budget fürs Marketing hat, ist es für ein Unternehmen fast unmöglich zu überleben. Machen Sie denn viel Werbung?«

»Tja, eigentlich nicht sehr viel.«

»Oh, das ist aber bedauerlich.« Und jetzt wird der zweifelnde Gesichtsausdruck wirkungsvoll durch ein Achselzucken verstärkt und der Sam verabschiedet sich mit den Worten: »Ich wünsche Ihnen jedenfalls viel Glück.« Dann bestellt er sich – zufrieden, dass es ihm wieder einmal gelungen ist, etwas Pessimismus zu verbreiten – einen Kaffee an der Theke.

Begegnungen mit Sams enden immer auf die gleiche Weise. Die Betroffenen bleiben mit einem eingefrorenen Lächeln im Gesicht zurück und fragen sich zum zehnten, hundertsten oder tausendsten Mal, ob sich ihre Mühe tatsächlich lohnt. In diesen Momenten fallen sie häufig in ein dunkles Loch.

Alle, die je Probleme damit hatten, an etwas dranzubleiben, haben dieses dunkle Loch bereits mehr als ein Mal besucht. Es ist ein trostloser Ort, wo nicht viel passiert – im Grunde genommen gar nichts. Dieser Ort hat auch einen Namen: er wird »Sinnlos« genannt.

Willkommen in Sinnlos

Sie planen ein Projekt, haben eine Idee oder einen Plan, und Sie haben allen Grund zu glauben, dass Ihr Vorhaben Ihnen gelingen wird. Es macht Ihnen unheimlich viel Spaß. Das Projekt verleiht Ihnen ein positives Gefühl und Energie. Sie überlegen sich, wie Sie es angehen können und denken konkret über verschiedene Möglichkeiten nach. Doch dann fühlen Sie sich auf einmal völlig entmutigt, denn plötzlich sehen Sie ein großes Schild, auf dem »Willkommen in Sinnlos« steht. Und an diesem Punkt werfen viele das Handtuch und nehmen ihr altes Leben wieder auf.

Die Welt hat bereits unzählige Stars in allen nur erdenklichen Bereichen. Großartige Produzenten, Sportler, Schauspieler, Restauratoren, Nachrichtensprecher, Bauunternehmer, Verleger, Handelsvertreter, Autoren, Künstler, Schreiner ... die Liste ist praktisch endlos. Was haben Sie da schon so Besonderes oder Einzigartiges zu bieten? Es gibt Hunderte von Leuten, die bereits tun, was Sie gerne tun möchten, und sie machen ihre Sache großartig. Wenn Sie sich erkundigen, was es alles bereits gibt, erscheinen Ihnen Ihre Bemühungen relativ oder sogar absolut sinnlos.

»Die Welt braucht mich nicht«, sagen Sie vielleicht zu einem Sam, der Ihnen möglicherweise in der Person einer Freundin begegnet, die bereits seit 20 Jahren die gleiche Frisur hat, ganz zu schweigen von ihrem festgefahrenen Leben.

»Niemand ist unersetzlich«, würde Ihnen dieser Sam mit Sicherheit beipflichten.

Daraufhin nippen Sie schweigsam an Ihrem Getränk und Ihre Stimmung sinkt gänzlich in den Keller.

Der gelangweilte Sam sagt seufzend: »Nicht jeder kann ein Erfolgsmensch sein.«

»Warum soll ich es überhaupt versuchen?«, stöhnen Sie.
»Die Welt hat schon mehr als genug Designer.«

»Das stimmt«, pflichtet Ihnen der Sam sofort bei. »Wenn du mich fragst ... ich glaube ja, dass es verrückt wäre, weiter darüber nachzudenken. Die Mühe wäre vergeblich und du würdest nur Zeit und Geld verschwenden. Wozu also das Ganze?« Menschen mit dem Dranbleib-Faktor haben eine Antwort auf diese Frage, denn was einzig und allein zählt, ist das persönliche Interesse.

Es ist nicht immer leicht, gute Gründe für bestimmte Interessen zu finden. Warum setzt zum Beispiel eine 55-jährige Rechtsanwältin Himmel und Erde in Bewegung, um Ballettstunden für Erwachsene ausfindig zu machen? Schließlich hat sie nicht die geringste Chance, am Theater engagiert zu werden. Und warum entscheidet sich ein 44-jähriger Webdesigner dafür, an einem Börsenseminar teilzunehmen? Oder warum investiert ein überaus korrekter 59-jähriger Beamter richtig viel Geld, um seine eigenen Songs aufzunehmen und ein Video für die Internetseite MySpace zu produzieren? Unsere persönlichen Interessen rational darzulegen, ist so, als wollten wir jemandem den Geschmack von Vanille beschreiben. Man kann ihn niemandem vermitteln, es sei denn, der andere probiert das Gewürz. Unsere Interessen gehören nur uns selbst. Sie sind ein Teil dessen, was uns ausmacht. Wenn wir unseren Interessen nachgehen, reichen wir uns selbst die Hand. Unser Leben wird erfüllter und farbiger. Und genau das ist der springende Punkt.

Wenn Sie Ihre Ziele verfolgen, durchbrechen Sie Ihre tägliche Routine. Sie begegnen Menschen, die Sie sonst nie getroffen hätten, und führen individuelle Gespräche mit ihnen. Sie sind gefordert, Lösungen zu finden, wenn Sie auf Hindernisse stoßen, und lassen zu, dass unerwartete Dinge in Ihrem Leben passieren. Wenn das in ihren Ohren nach einer guten Geschichte klingt, dann deshalb, weil es tatsächlich so ist. Lassen Sie sich auf Ihre Idee ein, dann werden Sie unter Garantie irgendein Abenteuer erleben.

Welchen Sinn hat etwas für uns selbst?

Auf der Suche nach einem überzeugenden Grund, ein Ziel weiterzuverfolgen, sollten wir nach innen sehen, nicht nach außen. Denn die entscheidende Frage lautet einzig und allein, welchen Sinn es für uns selbst hat.

Die Welt hält nicht den Atem an, nur damit wir ein neues Kunstwerk erschaffen oder eine neue Geschäftsidee verwirklichen können. Keiner wartet sehnsüchtig darauf, was wir zu bieten haben, es sei denn, wir hätten ein neues Mittel gegen Krebs oder zur Rettung der Umwelt entwickelt. Natürlich wäre es wünschenswert, einen Beitrag zu leisten, der sich positiv auf ein paar oder auch viele Menschen auswirkt, aber falls wir uns zum Beispiel dazu entschließen auszusteigen und an einem abgelegenen Ort in einer Fischerhütte zu leben, wird die Welt nicht groß Notiz davon nehmen.

Egal was Sie vorhaben, Sie können davon ausgehen, dass irgendjemand es bereits auf die eine oder andere Weise umgesetzt hat. Aber das ist noch lange kein Grund, die Papierserviette, auf der Sie voller Begeisterung Ihr großartiges Konzept festgehalten haben, in den Schredder zu stecken. Natürlich sollten Sie sich über die Konkurrenz und die Nachfrage auf dem Markt Gedanken machen. Möglicherweise müssen Sie Ihre Idee etwas verändern, um sie interessanter oder ausbaufähiger zu gestalten. Aber diese Überlegungen stehen nicht an, wenn es darum geht, ob es grundsätzlich sinnvoll ist, Ihr Ziel weiterzuverfolgen.

Wichtig ist im Moment lediglich, welchen Wert Sie Ihrem Ziel beimessen. Listen Sie dafür zunächst die persönlichen Vorteile auf, die eine erfolgreiche Umsetzung Ihrer Idee für Sie hätte. Fragen Sie sich: »Was habe ich davon?« Würden Sie dadurch eine größere Kontrolle über Ihr Leben gewinnen, aktiver werden, Ihre Kreativität fördern, mehr Geld verdienen oder etwas Neues lernen? Denken Sie im nächsten Schritt darüber nach, was Ihr Projekt anderen Menschen bringen würde. Es muss nicht gleich etwas Lebensveränderndes sein. Wenn Sie selbst glücklicher wären, würde das auch auf Ihre Umgebung abfärben.

Joe, der in der Personalabteilung eines Unternehmens tätig war, erzählte mir, dass er gerne als Fotograf arbeiten wolle. Aber er hatte Bedenken: »Es gibt schon so viele Profifotografen. Und jeder Amateur mit einer Digitalkamera denkt, er sei ein Profi. Welchen Sinn macht es, wenn ich jetzt auch noch mit dem Fotografieren anfange? Deshalb kommt mir meine Idee ziemlich dumm vor. Ich wette, Sie kennen selbst ein halbes Dutzend Fotografen, die am Hungertuch nagen.«

Das war jedoch nicht der Fall. Ich zählte die Fotografen auf, die ich kannte. Eine Klientin von mir hatte sich auf Schwarz-Weiß-Porträts von Kindern spezialisiert. Ihre Wanderausstellung war vor Kurzem in meinem Lieblingscafé gezeigt worden und die Fotografin hatte genug Aufträge, um sich an drei Tagen pro Woche eine Tagesmutter leisten zu können. Ich erinnerte mich an eine Freundin, die sich einmal auf eine Fotosession eingelassen hatte, die an ihrem Selbstbewusstsein kratzte. Der Fotograf wies sie barsch an, ihren Kopf hochzuhalten, sonst sähe man ihr Doppelkinn. Sicherlich würde meine Freundin ihn nicht weiterempfehlen. Andere Fotografen, die ich mal getroffen hatte, arbeiteten für Zeitschriften und Zeitungen. Aber prinzipiell kannte ich viel mehr Friseure, Zahnärzte und Allgemeinärzte. Und Autoren und Coaches. Da hätte ich Dutzende aufzählen können.

»Es ist egal, wer sich sonst noch mit Fotografie beschäftigt«, sagte ich zu Joe. »Wenn Sie eine leere Spielwiese suchen, vergessen Sie es! Sie werden nirgendwo eine finden. Wenn Sie aber gerne als Fotograf arbeiten möchten und das Gefühl haben, halbwegs begabt zu sein, dann sollten Sie es versuchen.«

»Und am Hungertuch nagen?«

»Joe, Sie sind frustriert, weil Sie ein Spezialist in der Personalabteilung sind, der gerne ein Fotograf wäre. Daher sollten Sie das Ganze genau andersherum sehen. Seien Sie ein Fotograf, der einen Job in der Personalabteilung hat. Denken Sie wie ein Fotograf, handeln Sie wie ein Fotograf und beobachten Sie, was passiert.«

Wir spannen unsere Ideen noch weiter und überlegten, wie Joe seine Fotos in seinem Unternehmen präsentieren und seine Kollegen darüber informieren konnte, dass er als Fotograf zur Verfügung stand.

»Wir können einen detaillierten mehrstufigen Plan ausarbeiten«, erklärte ich Joe, »aber der erste Schritt besteht darin, dass Sie sich selbst die Erlaubnis erteilen, ein Fotograf zu sein.«

»Und Sie sind nicht der Meinung, dass es sinnlos ist?«

»Wie fühlen Sie sich, wenn Sie sich selbst als Fotograf sehen, sich als Fotograf bezeichnen?«

»Es ist toll, ich fühle mich super dabei. Ich habe das Gefühl, als würde das Leben wieder mir gehören.«

»Glauben Sie, dass Sie Fotos machen können, die Ihnen und anderen etwas bedeuten?«

»Da habe ich überhaupt keine Zweifel. Vielen Menschen gefallen meine Bilder.«

»Dann ist hiermit ein Fotograf mit seiner ganz eigenen Vision und einer besonderen Begabung geboren. Willkommen in einer Welt, in der Sie mitspielen möchten – es ist immer genug Platz für einen weiteren Teilnehmer vorhanden.«

Konkurrenz ist eine Tatsache. Wenn bereits viele Menschen tun, was Sie gerne machen möchten, beweist das lediglich, dass es auch einen Markt dafür gibt. Und selbst wenn Sie nicht das Gefühl haben, besser zu sein als einige andere, so können Sie doch sicher sein, dass Sie zumindest *etwas* anders machen werden.

Kein Mensch ist genau so wie ein anderer. Diese Erkenntnis ist für das Dranbleiben sehr wichtig. Sie tun alles auf eine einzigartige Weise, mit einem ganz bestimmen Dreh. Vielleicht ist die Dienstleistung, die Sie anbieten, oder das Produkt, das Sie verkaufen möchten, ein Klon. Aber die Art und Weise, wie Sie es auf den Markt bringen, unterscheidet sich zwangsläufig von allem bisher Dagewesenen – aufgrund der einfachen Tatsache, dass niemand so ist wie Sie. Vielleicht gibt es schon ein Buch zu dem Thema, das Sie bearbeiten möchten, aber Ihr Manuskript wird das Einzige sein, das genau Ihre Ansichten wiedergibt.

Menschen, die an ihrem Projekt dranbleiben, tun es vor allem aus einem Grund: Sie möchten sehen, wohin ihr persönliches Interesse sie führt. Mehr gibt es dazu eigentlich nicht zu sagen.

Kernpunkte

- Suchen Sie nicht im Außen, um herauszufinden, ob ein Projekt oder ein Ziel sinnvoll ist. Die Frage ist nicht, ob die Welt Ihre Idee braucht, sondern ob *Sie* Ihr Vorhaben verwirklichen sollten, um Ihr Leben interessanter zu machen.
- Die entscheidende Frage lautet immer nur, welchen Sinn ein Projekt für Sie selbst hat.
- Es ist egal, ob andere Menschen bereits Erfolg mit etwas haben, das auch Sie anbieten wollen. Wir leben in einer Kultur der Nachahmung, in der Produkte und Dienstleistungen in jeder Sekunde kopiert werden. Aber jeder Mensch ist ein Individuum. Und so bringen auch Sie Ihre Einzigartigkeit mit ins Spiel. Das ist Ihr großer Pluspunkt.

Übung

Dem Ganzen einen Sinn verleihen

Ein skeptischer Sam braucht möglicherweise nur eine Minute, um Ihre Idee als überflüssig abzutun.

Bevor Sie ihm Ihre Vorstellungen vollständig erläutert haben, wird er Ihnen schon entgegnen, dass viele andere Leute, die viel mehr Erfahrung haben und über größere finanzielle Mittel verfügen als Sie, bereits das Gleiche tun. Und so liegen Sie in den frühen Morgenstunden wach und stellen sich immer wieder die quälende Frage: »Wozu das Ganze?«

Sie werden die Antwort darauf nicht bei Google finden. Im Internet sehen Sie lediglich zahlreiche Seiten, auf denen Dienstleistungen oder Produkte angeboten werden, die Ihren eigenen ähneln. Aber während Ideen nur selten lange Zeit einzigartig bleiben, sind Individuen stets unnachahmlich. Egal was Sie tun, Sie werden es anders machen als andere.

Die Frage, die Sie sich stellen sollten, lautet daher nicht, ob die Welt auf Ihr Projekt gewartet hat, sondern ob *Sie* Ihr Projekt brauchen, um Ihr Leben abwechslungsreicher und freudvoller zu gestalten. Die folgenden Fragen helfen Ihnen, eine Antwort zu finden, damit Sie nachts endlich wieder gut schlafen können.

1. Wird Ihr Leben sich positiv verändern, wenn Sie Ihr Ziel verfolgen? Und falls ja, in welcher Weise?

_____

_____

_____

_____

_____

2. Wird die Verwirklichung Ihres Ziels anderen Menschen direkt oder indirekt helfen? Und falls ja, in welcher Weise?

_____

_____

_____

_____

_____

3. Welche Sache in diesem Bereich würden Sie anders machen als alle anderen?

_____

_____

_____

_____

_____

4. Vervollständigen Sie den folgenden Satz: Es lohnt sich dranzubleiben, und sei es nur, weil ...

_____

_____

_____

_____

_____

6 Ja, aber ich habe fünf Ideen und alle sind toll

Intelligente, begabte und kreative Menschen, die Schwierigkeiten haben, ihre Ideen und Projekte umzusetzen, sind zu bemitleiden. Sie leiden unter den zahllosen Möglichkeiten und Chancen, die sie haben. Es ist eine traurige Wahrheit, dass uns auch Gutes Probleme bereiten kann, wenn es im Übermaß vorhanden ist. Zum Zeitpunkt der Steuererklärung kann man zu reich sein, man kann zu schlank sein und man kann von zu vielen Ideen regelrecht erschlagen werden. Multitalentierte Leute, denen sich schier unendliche Möglichkeiten bieten, gehören manchmal zu den unglücklichsten Menschen. Sie sind geradezu gelähmt.

Als ich einmal bei Freunden zum Abendessen eingeladen war, hatte ich als Gegenüber eine überaus energiegeladene Frau namens Chloe und ihren guten Freund Mark. Zwischen den beiden saß ein armer Kerl, der unentwegt den Kopf zwischen den beiden hin- und herbewegte, als würde er mit den Augen einem Tennisball bei einem Wimbledonturnier folgen. Chloe und Mark unterhielten sich angeregt darüber, was Chloe mit ihrem Leben anfangen sollte.

»Ich hatte eine großartige Woche«, sagte Chloe, während sie ein Brötchen in kleine Stücke zerpflückte.

»Das klingt gut. Hast du etwa ein Büro gefunden, das du mieten kannst?«, fragte Mark.

»Nein, nein. Ich habe wahrscheinlich etwas Besseres aufgetan. Eine Freundin hat mich nämlich gefragt, ob ich an einem Buchprojekt zum Thema Sozialmarketing mitarbeiten will.«

»Möchtest du jetzt etwa ein Buch veröffentlichen?«, fragte Mark skeptisch. Der Mann zwischen ihnen sah Chloe interessiert an.

»Nun ja, wenn ich dazu ein Buch geschrieben habe, kann ich im Internet Kurse über Marketing geben.«

»Hast du denn überhaupt Lust dazu?«, hakte Mark nach.

»Klar, warum nicht? Ich bin sehr gut im Präsentieren von verschiedenen Themen.«

»Aber letzte Woche warst du drauf und dran, ein Unternehmen zu gründen, und jetzt willst du plötzlich ein Buch schreiben?«, stieß Mark hervor. Der Mann in der Mitte machte eine beschwichtigende Geste.

»Ich weiß es nicht genau. Eine frühere Kollegin, die an einer privaten Wirtschaftsschule unterrichtet, will ein gutes Wort für mich einlegen, sollte ich mich dort als Lehrerin bewerben.«

»O. k., das klingt ja ganz realistisch«, sagte Mark. »Aber was ist mit ...«

»Ach, ich habe ganz vergessen, dir noch etwas zu erzählen. Ich habe jemanden kennengelernt, der für einen Shoppingkanal im Fernsehen arbeitet. Ich habe ihm die Reisetasche mit den zwölf eingearbeiteten Steckfächern gezeigt, die ich entworfen habe. Er war begeistert davon und meinte, sie würde sich großartig verkaufen lassen. Ich könnte ein Vermögen damit verdienen. Nun überlege ich, ob ich einen Geschäftsplan ausarbeiten und mich nach einem Investor umsehen soll. Was hältst du davon?«

»Klingt interessant«, sagte Mark. Der Mann in der Mitte sah mittlerweile etwas irritiert aus.

»Findest du das wirklich?«, fragte Chloe nach.

»Ja, klar«, sagte Mark. »Hast du dich eigentlich schon mal bei diesem TV-Produzenten gemeldet und dich erkundigt, ob du freiberuflich Recherchen fürs Fernsehen machen könntest?«

An diesem Punkt bat der Mann in der Mitte Chloe darum, den Platz mit ihm zu tauschen. Nachdem sie nebeneinander saßen, steckten Mark und Chloe die Köpfe eng zusammen und ich konnte ihrer Unterhaltung nicht länger folgen. Aber ich war mir sicher, wohin Chloes Pläne führen würden. Nämlich nirgendwohin! Wenn man sich ständig im Kreis drehen will, gibt es keine bessere Methode als mit tausend Möglichkeiten herumzujonglieren.

Während wir versuchen, an einer Sache dranzubleiben, können andere interessante Möglichkeiten auftauchen und uns ständig dazwischenfunken. Das kann eine wahre Plage werden. Wir befürchten nicht etwa, dass unsere ursprüngliche Idee sich als schrecklicher Fehler erweist, aber wir haben panische Angst davor, dass andere Möglichkeiten noch besser sein könnten.

Viele Menschen, die Schwierigkeiten haben, an einer Sache dranzubleiben, gehören zum Typus des »Maximizers«. Diesen Begriff prägte Ben Schwartz in seinem Buch ›Anleitung zur Unzufriedenheit‹. Maximizer wollen sichergehen, dass sie das Beste von allem bekommen, angefangen bei den Jeans über den Partner bis hin zum Job. Überzeugt, dass sie am Ende den perfekten Artikel finden werden, wenn sie nur intensiv genug danach suchen, zählen sie zu ausdauerndsten Shoppern. In der Regel muss man nicht lange nach Maximizern Ausschau halten. Zu diesem Typus gehören zum Beispiel die Leute, die sich im Kino umständlich durch die engen Reihen an den anderen Kinobesuchern vorbeidrücken, um doch noch einen besseren Platz zu ergattern. Auf andere Menschen machen Maximizer einen extrem wählerischen Eindruck und mit einem von ihnen zum Schuhekaufen zu gehen, kann einen mehrere Jahre seines Lebens kosten. Die Maximizer selbst hingegen empfinden ihr Verhalten keineswegs als extrem. Sie sind nicht etwa besonders anspruchsvoll, sondern lediglich ausgesprochen optimistisch. Sie meinen, dass es etwas Besseres geben könnte, und befürchten daher, unter dem Optimum zu bleiben.

Doch diese spezielle Form von Optimismus führt leider zu Unzufriedenheit, Frustration und zu der Angst davor, einen

Schritt in irgendeine Richtung zu machen. Wenn Maximizer keine Wahlmöglichkeiten hätten, müssten sie sich auch keine Gedanken darüber machen, sich möglicherweise für etwas nicht ganz so Perfektes zu entscheiden. Zu viele Möglichkeiten können also eine kontraproduktive Wirkung haben, wie eine Studie von Sheena S. Iyengar von der Columbia-Universität und Mark R. Lepper von der Stanford-Universität zeigt. Die Wissenschaftler stellten in einem Versuch sechs besonders erlesene Marmeladensorten auf einen Tisch in einem Delikatessengeschäft, das andere Mal präsentierten sie 24 verschiedene Sorten. Je größer die Auswahl war, desto weniger Marmelade kauften die Kunden. Bei der kleineren Auswahl lag der Umsatz um 27 Prozent höher als bei der großen. Es ist offenbar leichter, sich von Fruchtaufstrichen abzuwenden, als eine Wahl zu treffen, wenn das Angebot aus so interessanten Mischungen wie Stachelbeere-Pfirsich, Aprikose-Zitrone, Kirsche-Banane und 21 weiteren Marmeladenkreationen besteht.

Begabte und einfallsreiche Menschen sind mit einem ähnlichen Dilemma konfrontiert. Wenn sie darüber nachdenken, was sie tun »könnten«, werden sie von den schier unendlichen Möglichkeiten fast erschlagen. Sobald ihre Kreativität in Gang gesetzt ist, tauchen ganze Ideenpakete auf, und es fällt ihnen schwer zu entscheiden, welche sie verwerfen und welche sie weiterverfolgen sollen.

David, ein freiberuflicher Hollywoodautor, suchte mich auf, weil seine Unentschlossenheit ihn geradezu lähmte. Sollte er weiterhin auf Verdacht an seinem Drehbuch arbeiten oder seine Energie darauf verwenden, eine Pilotsendung für einen befreundeten TV-Produzenten zu entwickeln? Oder sollte er lieber ein Drama für eine aufstrebende Theatergruppe schreiben, die nach neuen Talenten suchte, oder aber zu einer Werbeagentur gehen, die ihm einen festen Job angeboten hatte? David dachte nie an die eigentliche Arbeit, sondern stets an das erwünschte Ergebnis. So gefiel ihm die Vorstellung, ein erfolgreicher Drehbuchautor oder Theaterschriftsteller zu sein. Andererseits hatte er auch nichts dagegen einzuwenden, als Werbeprofi ein üppiges Gehalt einzustreichen, zum Jetset zu gehören und in Hugo-Boss-Anzügen herumzulaufen.

Wir lassen uns alle gerne von der Vorstellung davontragen, bereits im Ziel anzukommen und von einer jubelnden Menge erwartet zu werden. Doch dann werden wir mit der harten Realität konfrontiert. Im wahren Leben erreichen wir unsere Ziellinie nicht, weil wir sie ständig um ein paar Meter nach hinten verschieben. Es wäre großartig, wenn David ein erfolgreicher Drehbuchautor oder Theaterschriftsteller würde und die Aufträge ihm von alleine zuflögen. Aber selbst beruflicher Erfolg beseitigt den Leistungsdruck nicht nachhaltig. Wenn man ein Mal gute Arbeit geleistet hat, erhöht sich die Erwartungshaltung. Nehmen wir an, David hätte sich entschlossen, für die Werbeagentur zu arbeiten. Dann würde er zwar wahrscheinlich einen sechsstelligen Betrag pro Jahr verdienen, aber er stünde ständig unter Druck, die wichtigsten Kunden immer wieder von Neuem von sich zu überzeugen.

So wie die Werbung uns glauben macht, ein bestimmtes Auto sei unser Ticket zur Freiheit auf der Straße, denken wir häufig, wir müssten nur die richtige Chance beim Schopfe ergreifen, um unser persönliches Utopia zu erreichen. Aber selbst mit einem Ferrari können wir den Staus im Berufsverkehr nicht entkommen, und keine Arbeit bringt uns nach Shangrila, ganz davon zu schweigen, dass wir nicht auf ewig dort bleiben könnten.

Es ist uns nicht gegeben, für längere Zeit in einem fortwährenden Zustand der Glückseligkeit zu verweilen. Dafür sind wir zu anpassungsfähig, was sowohl Vor- als auch Nachteile hat. Neues verliert schnell seinen Reiz und in kürzester Zeit kehren wir unweigerlich zu unserer Alltagsroutine zurück mit all den dazugehörenden Scherereien und Ärgernissen.

Im Rahmen einer Studie wurden querschnittsgelähmte Unfallopfer sowie Menschen, die in einer Lotterie gewonnen hatten, ein Jahr nach dem einschneidenden Ereignis dazu aufgefordert, ihr Glücksniveau einzustufen. Die Lotteriegewinner waren im Durchschnitt nicht glücklicher als andere Menschen. Die Unfallopfer waren zwar etwas weniger glücklich als die meisten Menschen, aber sie empfanden sich selbst trotzdem als relativ glücklich, weil sie besser mit ihrer Situation zurechtkamen, als sie es erwartet hatten. Es liegt in der Natur des Menschen, sich an die Umstände anzupassen, egal ob diese gut oder schlecht sind.

Für diejenigen, die sich zwischen gleich interessanten Möglichkeiten entscheiden müssen, lautet die gute Nachricht daher, dass es eigentlich egal ist, welche man wählt. Hinter jeder Tür lässt sich etwas Wertvolles entdecken, aber keine wird zu einem perfekten Leben führen. Ben Schwartz empfiehlt uns, in einer Welt der unendlich vielen Möglichkeiten nach Dingen zu streben, die unserer Meinung nach »gut genug« sind, anstatt stets den schwer erreichbaren »allerbesten« Dingen hinterherzujagen – denn auf diese Weise fällt die Entscheidung leichter. Menschen mit dem Dranbleib-Faktor beherzigen das.

Das bedeutet natürlich nicht, sich mit einem faulen Kompromiss zufriedenzugeben, sondern dass wir uns selbst grünes Licht für Dinge geben, die unsere nicht verhandelbaren Mindestanforderungen erfüllen. David erkannte zum Beispiel, dass er für den Comedybereich schreiben wollte. Der Job bei der Werbeagentur war im Gegensatz zu den anderen Optionen nicht das Richtige. Letztlich entschloss sich David dazu, ein Pilotdrehbuch für eine Comedyserie zu schreiben. Vielleicht wäre er genauso glücklich gewesen, wenn er Stücke für die Theatertruppe verfasst hätte, aber er entschied sich fürs Fernsehen, weil er glaubte, dass es ihm am meisten Spaß machen würde, gemeinsam mit seinem Freund, dem Produzenten, neue Ideen zu entwickeln.

Werfen Sie die Pro- und Kontraliste weg

Den üblichen Empfehlungen zufolge sollten wir eine Liste mit den jeweiligen Vor- und Nachteilen all unserer Ziele anfertigen. In der Theorie klingt das wunderbar, aber in der Praxis sind solche Listen so nützlich wie Kopfschmerztabletten jenseits des Verfallsdatums. Und wir brauchen wirklich ein effektives Mittel, um die Übung zu Ende zu bringen. Die meisten von uns haben weder die Zeit noch die Lust, wochenlang die Vor- und Nachteile jeder Möglichkeit durchzugehen. Anstatt also genaue Listen zusammenzustellen, fassen wir nur unsere Vermutungen zusammen, die auf relativ begrenztem Wissen basieren.

In meinem Fall läuft das Ganze dann zum Beispiel so ab: Jedes Mal, wenn ich einen Freund von mir anrufe, der an der Universität unterrichtet, ist er gerade dabei, seine Möbel abzuschleifen. Da ich herausfinden will, ob ich ebenfalls an der Universität unterrichten sollte, schreibe ich auf meiner Liste in die Pro-Spalte: »Viel Freizeit; ich könnte nebenbei einige Möbel restaurieren.« Doch dann erinnere ich mich an einen früheren Nachbarn, der aufgrund des schlechten Arbeitsklimas an seinem Institut gekündigt hat. In die Kontra-Spalte schreibe ich daher: »Ich müsste buckeln und zu allem Ja und Amen sagen, um in dem Job zu überleben.« Am Ende der Übung versuche ich abzuwägen, ob es sich lohnt, mich bei einem egozentrischen Institutschef anzubiedern, um dafür nachmittags freizuhaben. Da ich das Dilemma nicht lösen kann, schreibe ich die Vor- und Nachteile meiner anderen Idee auf – ich trage mich nämlich auch mit dem Gedanken, mich selbstständig zu machen. In die Pro-Spalte schreibe ich als Erstes: »Kein blöder Chef; ich habe selbst die Kontrolle über mein Leben.« Aber ich kenne etliche Selbstständige, die sehr viel arbeiten, manchmal sieben Tage die Woche. Daher schreibe ich in die Kontra-Spalte: »Keine Freizeit, kein Urlaub.

Die Möbel werden nicht restauriert.« Nach zwei Stunden ist die einzige Entscheidung, die ich treffen kann, dass ich mich *nicht* entscheiden kann. Anstatt vorwärtszukommen, drehe ich mich angesichts der verschiedenen Möglichkeiten nach wie vor im Kreis.

Wenn Sie eine Liste mit mehreren realistischen und gleichzeitig attraktiven Möglichkeiten haben, gibt es für Sie nur zwei Alternativen. Entweder Sie nehmen sich ein paar Wochen Zeit, um jede Möglichkeit intensiv zu prüfen, und führen dafür tatsächlich gründliche Recherchen durch. Oder Sie entscheiden sich für eine Möglichkeit, die gut genug ist. Werfen Sie die Pro- und Kontraliste weg! Schreiben Sie stattdessen auf, was Ihnen Spaß macht, wie viel Sie verdienen müssen, um Ihren Lebensunterhalt zu bestreiten, wie Ihre tägliche Arbeit, Ihr Leben zu Hause und Ihre Freizeit aussehen sollten und wie Sie sich persönlich weiterentwickeln möchten. Betrachten Sie diese Liste als Ihre Messlatte – sie beschreibt, was für die gewünschte Lebensqualität nötig ist. Bewerten Sie dann Ihre verschiedenen Möglichkeiten anhand dieser Liste. Wenn alle Optionen die Kriterien erfüllen, können Sie eine Münze werfen. Es macht in diesem Fall wirklich keinen großen Unterschied, wofür Sie sich entscheiden, denn Sie werden sich anpassen und das Beste aus der neuen Situation machen. Egal was Sie tun, Sie werden stets einige Höhen und Tiefen erleben.

Nehmen wir aber trotzdem einmal an, Sie entscheiden sich für eine weitere Variante und müssen nach einer Weile feststellen, dass es eine Fehlentscheidung war. In diesem Fall können Sie sich mit der Binsenweisheit trösten, dass eine Veränderung weitere Veränderungen nach sich zieht. Jede Entscheidung, egal ob gut oder schlecht, löst eine Kettenreaktion aus, die interessante Ergebnisse zur Folge haben kann. Menschen mit dem Dranbleib-Faktor würden hinzufügen, dass eine Fehlentscheidung zumindest zu wertvollen Erkenntnissen führt, die uns in der Zukunft bessere Entscheidungen fällen lassen.

TIPPS FÜR DAS SELBST

Manche Menschen warnen Sie möglicherweise vor vorschnellen Entscheidungen. In der Regel sind es ängstliche Personen, die immer etwas zu beanstanden haben und sich bei der Auswahl eines Menüs ewig nicht entscheiden können, als wäre es ihre allerletzte Mahlzeit. Haben sie dann endlich das Huhn gewählt, grübeln sie bis zum Dessert, ob sie nicht doch lieber den Fisch hätten nehmen sollen. Denjenigen, die Ihnen immer wieder nahelegen, sich die Entscheidung noch einmal zu überlegen, sollten Sie nur eines entgegnen: »Die einzig schlechte Entscheidung ist, sich nicht zu entscheiden.«

Am wichtigsten ist es, überhaupt aktiv zu werden, das betonen Menschen mit dem Dranbleib-Faktor immer wieder. Die Idee selbst ist dabei zweitrangig. Ideen sind wie verführerische Rezepte. Sie sind alle verlockend. Aber nur mit dem Gericht, das Sie auch zubereiten, werden Sie Ihre Kochkünste verbessern und Gesprächsstoff für den Abend haben, an dem Sie Ihre Gäste bewirten. Es kommt wirklich nicht darauf an, ob Sie ein indisches Currygericht oder ein italienisches Risotto zubereiten. Denn sobald Sie ein Vorhaben umgesetzt haben, werden Sie auch an der nächsten Idee dranbleiben. Das aufregende Gefühl, das Ihr Herz höher schlagen lässt und nach dem Sie sich sehnen, erleben Sie nur, während Sie sich Ihrem Projekt widmen. Möchten Sie einen Beweis dafür? Geben Sie einem Vorschulkind einfach eine Schachtel mit Bauklötzen. Es wird die einzelnen Bauklötze eifrig und konzentriert aufeinandersetzen. Jedes Mal, wenn es ihm gelingt, wieder ein Klötzchen auf den Turm zu setzen, applaudiert es sich selbst begeistert, so stolz und glücklich ist es. Sobald der Turm fertig ist, bringt das Kind ihn mit einem Schlag zum Einstürzen. Das Ergebnis an sich ist nicht mehr interessant. Das Spannende ist das Bauen des Turms.

Viele Künstler, die ich im Laufe der Jahre interviewt habe, sind wie Kinder, und zwar nicht nur, weil auch sie zu Wutanfällen neigen. Sie sind vielmehr mit dem gleichen Eifer und der gleichen Konzentration bei der Sache. Sie erleben, wie sie sagen, einen Flow-Zustand und fühlen sich lebendig, wenn sie ihre Musik aufnehmen, einen Film schneiden, ein Buch schreiben. Möglicherweise sind sie zufrieden mit dem fertigen Ergebnis, wenngleich sie häufig selbst am kritischsten mit ihrem Werk sind, aber das Resultat schenkt ihnen jedenfalls nicht so viel Energie wie die Anfertigung ihres Werks.

Zu viel Nachdenken führt zur Lähmung

Wir können jahrelang auf unserem Stuhl sitzen und über die Dinge nachdenken, die wir tun könnten. In fünf Jahren sitzen wir vielleicht immer noch dort. Menschen mit dem Dranbleib-Faktor warnen uns davor, zu viel zu grübeln, da dies unsere Füße mit Blei beschwert. Diejenigen, die ständig neue Punkte auf der Liste ihrer persönlichen Ziele abhaken können, entscheiden sich jeweils für eine Sache aus dem Katalog der Möglichkeiten und beginnen mit der Umsetzung. Egal ob Sie ein Angebot schreiben, einen Geschäftsplan erstellen, Mitglied eines Komitees werden, Ihren Lebenslauf verschicken, eine Zusatzausbildung machen oder einen literarischen Zirkel ins Leben rufen, Sie werden zweifellos auf Hürden und Probleme stoßen, aber zumindest sind Sie aktiv und werden daher viel erfüllter und am Ende auch klüger sein. Und Menschen mit dem Dranbleib-Faktor garantieren uns, dass ein Schritt stets zum nächsten führt.

Thomas, ein autodidaktischer Künstler aus Montreal, kündigte seinen Job als leitender Angestellter, um die Welt zu bereisen und sich künstlerisch weiterzuentwickeln. Er verkaufte hin und wieder ein paar Gemälde, musste aber zwischendurch nach Hause fahren, um als Barkeeper Geld für weitere Reisen zu verdienen. Auf einem seiner Trips lernte er eine Frau kennen, die ihm von einem Kunstworkshop erzählte, an dem sie während eines Urlaubs in einem Wellnesshotel teilgenommen hatte. Als Thomas wieder zu Hause war, stellte er eine überzeugende Bewerbungsmappe zusammen. In seinem Lebenslauf hob er seine Reisen hervor, die er auf der Suche nach intensiven Farben unternommen hatte. Zudem fügte er einige Fotos seiner Arbeiten hinzu und schickte seine Unterlagen dann an circa 50 Wellnesshotels. Und tatsächlich bekam er einen befristeten Vertrag in einem Wellnesshotel in den Bergen. Danach führte ein Job zum nächsten.

Zu der Zeit, als Thomas noch in seinem Büro saß und dringend eine Präsentation für sein Unternehmen fertig bekommen musste, hätte er es wohl niemandem geglaubt, dass er eines Tages Kunstworkshops an den tollsten Urlaubsorten der Welt leiten würde. Wahrscheinlich hätte er eine Verwechslung seiner Tarotkarten mit denen eines anderen Menschen vermutet. Als Thomas sich entschloss, sein Leben zu verändern, dachte er nicht darüber nach, was am Ende dabei herauskommen würde. Stattdessen ging er seine Optionen durch und bewertete sie anhand seiner Liste der nicht verhandelbaren Bedingungen.

Er erlebte Höhen und Tiefen, bevor er einen Weg fand, seinen Lebensunterhalt mit seiner künstlerischen Begabung zu verdienen. Häufig war Geld ein Problem und er litt auch des Öfteren unter Einsamkeit. Es gab Zeiten, in denen er nahe dran war, zu seinem alten Leben zurückzukehren, doch letztlich orientierte er sich immer wieder an seiner selbst gesteckten Messlatte. »Immer wenn ich an eine Weggabelung kam, fragte ich mich, was ich wirklich tun wollte, und die Antwort lautete stets ›Ich möchte malen‹«, erzählte mir Thomas. »Das war die Basis für meine Entscheidungen.«

Obwohl Thomas sehr erfindungsreich ist und über viele Begabungen verfügt, gelang es ihm, nicht zu viel über seine zahlreichen Möglichkeiten nachzudenken und eine Lähmung angesichts vieler »Könnte- und Sollte-Optionen« zu vermeiden. So wie die anderen Menschen mit Dranbleib-Faktor verstrickte er sich nicht in dem Versuch, seine Zukunft detailliert vorherzusagen. Stattdessen konzentrierte er sich voller Energie auf etwas, das ihm viel bedeutete und wählte so den einzigen Weg, um sich zu lösen und einen Fuß vor den anderen zu setzen.

Kernpunkte

- Wenn Sie an eine Weggabelung kommen und jede Richtung Ihren Interessen entspricht, sollten Sie Ihr Leben nicht verschwenden, indem Sie an der Kreuzung stehen bleiben und verzweifelt versuchen zu bestimmen, welcher Pfad der beste sein könnte. Menschen, die ihre Ziele verfolgen, wissen, dass es »das Beste« nicht gibt.
- Auf jedem Pfad gibt es »gute« und »weniger gute« Aspekte. Es ist egal, für welchen Weg Sie sich entscheiden. Wählen Sie einfach einen aus und legen Sie los. Sie werden sich an das Gelände gewöhnen, und Sie werden auf die eine oder andere Weise Spuren hinterlassen. Und ein Schritt führt zum nächsten. Aber wenn Sie nicht losgehen, werden Sie nirgendwo Ihre Fußspuren hinterlassen.

Übung

Eine Entscheidung fällen

Wenn Sie viele großartige Ideen haben, kann es schwierig sein, sich für eine zu entscheiden und sich auf deren Umsetzung zu konzentrieren. Machen Sie sich bewusst, dass Sie in Ihrem Leben genug Zeit haben, viele Ideen zu verwirklichen – allerdings müssen Sie mit irgendeiner anfangen.

Menschen mit dem Dranbleib-Faktor bestätigen, dass die Erkenntnisse, die man bei der Umsetzung eines Vorhabens gewinnt, für das nächste große Projekt äußerst wertvoll sind.

Die folgende Übung hilft Ihnen herauszufinden, welche Entscheidung für Sie zu diesem Zeitpunkt Ihres Lebens stimmig ist.

1. Stellen Sie eine Liste mit den Optionen zusammen, die Sie in Erwägung ziehen.
2. Legen Sie Ihre Messlatte fest. (Was ist für Sie nicht verhandelbar? Welche Bedingungen müssen für eine zufriedenstellende Lebensqualität erfüllt sein?)
3. Mit welchen Optionen können Sie Ihre Messlatte erreichen? (Welche erfüllen Ihre nicht verhandelbaren Kriterien?)
4. Welche drei bis fünf Tätigkeiten würden Sie im Laufe eines Tags gerne ausführen, was interessiert Sie besonders?
5. Bei welchen Ihrer Optionen könnten Sie sich allen oder den meisten der genannten Tätigkeiten widmen?
6. Welche drei bis fünf Dinge tun Sie im Laufe eines Tages nicht gern?
7. Bei welchen Ihrer Optionen können Sie alle oder die meisten davon vermeiden?

7 Ja, aber ich weiß nicht, wie groß meine Begeisterung ist

Jedes Selbsthilfe-Handbuch unter der Sonne, jeder Ratgeber, jeder Freund, der ein Glas Wein zu viel erwischt hat, sie alle verkünden das Gleiche: Erkenne deine Leidenschaft. Lebe deine Leidenschaft. Atme deine Leidenschaft. Warum sind eigentlich alle so fixiert darauf?

Wie viele Menschen kennen Sie persönlich, die ihre Leidenschaft wirklich leben und atmen? Pickelige Jugendliche, die zum ersten Mal frisch verliebt sind, und Golffanatiker zählen hierbei nicht. Und um Workaholics geht es auch nicht, da sie nicht leidenschaftlich bei der Sache, sondern vielmehr besessen von der Arbeit sind. Vielleicht können Sie eine Handvoll passionierter Menschen aufzählen, vielleicht auch nicht.

Tatsache ist, dass die leidenschaftliche Begeisterung so flüchtig ist wie eine Bedienung in einer Flughafenbar. Doch die meisten von uns denken, sie könnten ohne sie unmöglich an einer Sache dranbleiben. Am häufigsten lassen Menschen Projekte wieder fallen, weil sie nach der anfänglichen Euphorie feststellen, dass die Arbeit daran sie doch nicht so begeistert, wie sie sich das gedacht hatten. Wie bei einem enttäuschenden dritten Rendezvous stellt sich die flammende Leidenschaft als Illusion heraus.

Hunderte von Menschen beteuerten mir, dass sie sogar bis ans Ende der Welt reisen würden, um ein Projekt zu verwirklichen, wenn, ja wenn sie nur etwas finden würden, das sie mit Begeisterung erfüllt. Wenn Sie das jemandem erzählen, der seine Ideen konsequent verfolgt, wird er Sie als romantisch verklärten Spinner abstempeln.

Sind Menschen mit dem Dranbleib-Faktor deshalb völlig emotionslos? Keineswegs! Sie sind nur realistisch. Wie die meisten von uns wollen sie ihre wahre Passion entdecken. Auch sie nehmen an Seminaren teil, um ihr Lebensziel zu erkennen, und freuen sich, wenn sie herausfinden, dass sie sich leidenschaftlich für litauische Volkstänze oder die Kunst des Brotbackens begeistern können. Aber zwischen denjenigen, die dranbleiben, und dem Rest der Welt gibt es folgenden Unterschied: Menschen, die etwas konsequent umsetzen, erwarten nicht, dass es eine weltbewegende Erfahrung sein wird, eine Tanzschule oder eine Bäckerei zu betreiben. Sie nehmen in Kauf, dass es eine Menge Arbeit und viele Probleme mit sich bringen wird.

Egal wie entflammt und begeistert Sie waren, als Sie Ihre letzte Idee auf einem Bierdeckel in einer Bar notiert haben, Sie werden schnell ernüchtert sein, sobald Sie sich mit den Details befassen. Aber heutzutage ist die leidenschaftliche Begeisterung zu einem Diktat geworden. Ständig heißt es, wir bräuchten unsere tägliche Dosis davon, um ein glückliches, erfülltes Leben zu führen. Wenn wir daher nicht jeden Tag 24 Stunden lang Leidenschaft verspüren, glauben wir, etwas Falsches zu tun.

Doch worum handelt es sich bei dem Gefühl dieses Jahrzehnts, das jeder ständig haben muss, und woher bezieht man es? Um der Sache auf den Grund zu gehen, habe ich historische Begriffsdefinitionen durchforstet und gelernt, dass »Passion« von dem lateinischen Wort *passio* stammt, einem Begriff, der im zweiten Jahrhundert entstand und das große ekstatische Leiden Jesu bei der Kreuzigung beschreibt. Als ich einmal mit einem Jesuitenpriester einen Kaffee trank, fragte ich ihn, wie irgendjemand erwarten könne, das Gefühl der Passion zu erleben, wenn er zum Beispiel eine Gesprächsgruppe leitet oder besonders atmungsaktive Kleidung für Frauen mit Hitzewallungen herstellt. Der Priester wusste keine Antwort darauf, empfahl mir aber, im Bereich der Kunst nach einer profaneren Interpretation dieses Gefühls zu suchen.

Autoren, Filmemacher, Komponisten und Maler hatten schon immer viel zu diesem Thema zu sagen. Aber überraschenderweise entfernen sie sich nicht von der ursprünglichen Bedeutung des Wortes. Ihre Werke vermitteln letztlich genau diesen Aspekt: Die Passion ist in gleichem Maße erhebend wie leidvoll. So wie die perfekte Liebe, die es nie geben kann, ist Leidenschaft sowohl von überweltlichem Glück als auch von erhabenem Leid geprägt. Sie ist ein spektakuläres Feuerwerk, eine Explosion von Energie und Schönheit, die uns überwältigt und die ebenso schnell wieder verblasst.

Erwarten Sie nicht ständig ein Gefühl der Leidenschaft

Die Leidenschaft ist der Tsunami aller Gefühle. Sie überkommt uns, verschwindet wieder und lässt uns atemlos zurück. Ein wesentliches Merkmal der Passion ist, dass sie nie kommt, um zu bleiben. Gott sei Dank! Wenn Sie sich schon jemals Hals über Kopf leidenschaftlich verliebt haben oder das Pech hatten, im Flugzeug neben jemandem eingepfercht zu sein, der über beide Ohren verliebt war und über nichts anderes sprechen konnte, wissen Sie, wie vereinnahmend dieses Gefühl ist.

Wenn die Leidenschaft uns in ihrer Gewalt hat, können wir nicht essen, nicht schlafen und an nichts anderes denken. Wir vergessen, die Wäsche von der Reinigung abzuholen, und es fällt uns schwer, uns an irgendwelche anderen Besorgungen zu erinnern. Zur großen Erleichterung unserer Freunde, deren Geduld über die Maßen strapaziert wird, endet unsere Liebesaffäre irgendwann oder geht in einen weniger obsessiven Zustand über, sodass wir unseren Alltag allmählich wieder auf die Reihe bekommen. Selbst der Poet Lord Byron, der seit dem frühen 19. Jahrhundert wegen seiner romantischen Ader verehrt wird, musste einräumen, dass ein Leben voller

Leidenschaft mit einem fortwährenden Erdbeben oder Fieber vergleichbar ist.

Menschen mit einem Dranbleib-Problem leiden unter dem Fluch, ihre »wahre Passion« zu hinterfragen. Sie machen ein paar Schritte in eine Richtung und befürchten dann, dass es etwas viel Erfüllenderes geben könnte. Schon bald spielen sie gedanklich mit einer völlig neuen Idee, die in der Regel überhaupt nichts mit ihren Erfahrungen und Kenntnissen zu tun hat. Jäh stoppen die Betroffenen die Umsetzung ihres ursprünglichen Plans und verlieben sich in ihre jüngste Idee, die meistens aber nicht ausgearbeitet und zudem weit hergeholt ist. Unterdessen gehen die Jahre ins Land und alles, was von der einstigen flammenden Begeisterung übrig blieb, ist ein Mülleimer mit zerknüllten Papierservietten voller Notizen.

Die Leidenschaft ist von Natur aus nicht dauerhaft. Warum versuchen wir dann aber alle, nicht nur dieses Gefühl zu finden, sondern es auch wie eine ewige Flamme in unserem Herzen am Leben zu erhalten? Wahrscheinlich weil wir darauf konditioniert wurden, die seltenen Ausnahmen als Leitbilder zu sehen.

Ich habe Dutzende von Menschen interviewt, die tatsächlich Tag für Tag ein passioniertes Leben führen. Sie sind begeistert von ihrer Tätigkeit und machen keinen Unterschied zwischen dem, was sie tun, und dem, wer sie sind. Zu ihnen gehören Primaballerinas, Teilnehmer an der Tour de France, Komponisten, Bergsteiger sowie brillante und motivierte Aktivisten, Philanthropen und Unternehmer. Sie leben ihrer Passion entsprechend und befinden sich ständig auf einer Achterbahnfahrt zwischen mentaler oder physischer Angst und unvorstellbaren Hochgefühlen. Sie sind stets entschlossen, bei der nächsten Runde schneller, höher oder weiter zu kommen. Aber ihre extreme Ausrichtung auf ihre jeweils nächste Leistung lässt nicht viel Zeit oder Raum für irgendetwas anderes, wie zum Beispiel um sechs Uhr zum Abendessen zu Hause zu sein. Nach eigenem Bekunden bezahlen diese Leute einen Preis dafür, so extrem zu leben, aber sie können es sich nicht anders vorstellen.

Das sind keine durchschnittlichen Menschen, die ein außergewöhnliches Leben führen, sondern geborene Visionäre, die prädestiniert dafür sind, ein Leben voller Einsatzbereitschaft und Leidenschaft zu führen. Wir können diese Leute bewundern, aber wenn wir selbst nicht so extrem veranlagt oder auf eine einzige Sache ausgerichtet sind, können wir nicht erwarten, so wie sie zu sein.

Durchschnittliche Menschen, die dranbleiben, versteifen sich nicht darauf, ihr Projekt als ihre wahre große Leidenschaft zu sehen. Sie erwarten nicht, dass jeder Tag ein »Wow-Tag« wird. Sie jonglieren auch nicht ständig mit dem Begriff *Passion* herum. Stattdessen sind sie »sehr interessiert« an ihrem Projekt oder »fasziniert« davon und glauben, dass es ihnen »Spaß machen« wird, es umzusetzen. Diese normalen, aber beherzten Leute wissen, dass es durchaus möglich ist, neben den Einkäufen, dem Online-Banking und der Zeit, die sie mit der Familie, Freunden und dem Hund verbringen, ihrem Interesse nachzugehen.

Die vorherrschende Meinung, man müsse bei einer Idee oder einem Projekt absolut »passioniert« sein, ist unrealistisch, um nicht zu sagen, völlig demotivierend. Wenn man die Latte für sich selbst so hoch legt, ist die Enttäuschung vorprogrammiert.

Sich auf nichts festlegen können

»Ich weiß nicht, ob die Leitung des Sponsoringprogramms mir wirklich so zusagt«, sagte Rolf und starrte aus dem Fenster meines Büros.

»Was genau meinen Sie damit?«, fragte ich ihn.

Er schüttelte ungeduldig den Kopf: »Na, ob ich *so* begeistert davon bin.«

Rolf war in der PR-Abteilung eines großen Unternehmens angestellt. Monatelang hatte er voller Elan daran gearbeitet, ein Sponsoringprogramm ins Leben zu rufen. Er war ganz begeistert von den verschiedenen Events, die seine Firma sponsern konnte, und hatte viele innovative Ideen, um die Beteiligung seines Unternehmens zu vermarkten. Die Geschäftsleitung hatte seinem Vorschlag schließlich zugestimmt, aber jetzt begann Rolfs Begeisterung abzuflauen. Ich erkannte die typischen Signale. Rolf entliebte sich von seiner Idee ... und das bereits zum wiederholten Male.

»Will ich wirklich meine ganze Zeit und Energie für die logistischen Schwierigkeiten des Sponsorings aufwenden? Man hat so viel lästigen Behörden- und Organisationskram am Hals. Ich glaube, ich würde lieber direkt mit den Künstlern zusammenarbeiten.«

»Sie meinen, Ihr Unternehmen sollte nicht das Festival, sondern die Künstler sponsern?«

»Nein, das würde nicht funktionieren. Ich dachte eher daran, selbst als Agent oder vielleicht als Promoter zu arbeiten.«

»Meinen Sie denn, dass Agenten und Promoter sich nicht mit logistischen Problemen herumschlagen müssen?«, fragte ich ihn skeptisch. Jeder hatte doch schon davon gehört, welch endlosen Forderungskatalog die Sängerin Mariah Carey stets für ihre Tourneen aufstellt.

»Ich behaupte ja nicht, dass es leichter wäre, aber ich wäre viel näher am Geschehen dran, ich wäre viel stärker beteiligt«, sagte Rolf.

Ich konnte keinen Hehl aus meiner Skepsis machen. »Vor zwei Wochen haben Sie mir erzählt, Sie würden wirklich gerne mithilfe von Sponsoringprogrammen Ihres Unternehmens dazu beitragen, dass Kulturfestival und andere Events realisierbar werden.«

Rolf antwortete mir mit einem »Aber« nach dem anderen, doch keiner seiner Einwände war überzeugend.

Wenn Rolf eine leidenschaftliche Begeisterung zur Vorbedingung machte, würde er wie so viele andere auf der Stelle treten und so lange auf etwas Unwiderstehliches und Wunderbares warten, bis er einen extrem starken inneren Drang verspürte, dieses Ziel zu verfolgen. Doch er würde sehr lange warten müssen und eine Menge Fehlstarts erleben. Rolf wusste zwar, dass er von manchen Aspekten des Sponsorings nicht gerade begeistert war, aber er würde wahrscheinlich auch feststellen, dass ihm einiges an der Arbeit als Agent genauso wenig gefallen würde.

Selbst die glamouröseste Tätigkeit ist ein Yin und Yang aus interessanten und nicht so erfüllenden Aktivitäten. Wer daran zweifelt, hat offensichtlich noch nie erschöpfte Schauspieler oder Musiker während einer anstrengenden Promotiontour interviewt oder Journalisten schimpfen hören, die ihre Redakteure verfluchten, weil diese zum x-ten Mal eine Überarbeitung eines Artikels verlangten.

Müssen wir deshalb die Vorstellung aufgeben, mit Leidenschaft bei der Sache zu sein? Vergleichen wir das Ganze einmal mit einer Beziehung. Suchen wir uns einen interessanten, humorvollen Partner, der die letzte Garnele auf dem Teller für uns übrig lässt, oder bleiben wir im stillen Kämmerlein sitzen und träumen von einem Menschen mit einem faszinierenden Lebensstil, einem üppigen Bankkonto und einer perfekten Figur, von dem wir so hin und weg sind, dass wir auf eine romantische, absolut filmreife Weise dahinschmelzen? Manche Leute sagen, es lohne sich nicht, sich für irgendwen in Schale zu werfen, es sei denn, man habe den Traumpartner kennengelernt. Doch diese Leute verbringen meistens viele Jahre damit, im Bademantel herumzuhängen und nirgendwohin zu gehen. Menschen mit dem Dranbleib-Faktor gehen dagegen zum Chinesen zum Essen, bestellen einen Garnelenteller und machen ihre Erfahrungen.

Also, liebe Passionssuchende, springen Sie nicht länger von einer Idee zur nächsten und hören Sie gut zu. Falls Sie nicht jedes Mal, wenn Sie sich Ihrer Idee widmen, in Begeisterung ausbrechen, sollten Sie sich keine Sorgen machen. Niemand ist permanent leidenschaftlich bei der Sache. An manchen Tagen sind Sie von Ihrer Tätigkeit begeistert und an anderen Tagen sind Sie sich nicht mehr so sicher, wie gut sie Ihnen gefällt. Manche Aspekte Ihres Projekts machen Ihnen großen Spaß, andere bereiten Ihnen starke Kopfschmerzen. Ein Projekt ist wie eine Person: es hat gute und schlechte Seiten. Niemand und nichts ist vollkommen.

Ihr Projekt muss nicht herausragend sein, um sich für Sie zu lohnen. Wenn es Sie im Großen und Ganzen inspiriert, Tätigkeiten mit sich bringt, die Ihnen zum größten Teil Spaß machen, und Ihnen die Möglichkeit bietet, sich weiterzuentwickeln und Neues zu lernen, dann ist es für den Moment richtig, es weiterzuverfolgen.

TIPPS FÜR DAS SELBST

Es ist kindisch, ein Vorhaben zu untergraben und eine Reihe von Gründen anzuführen, warum es sich für Sie nicht lohnt. Was, du willst den Mount Everest besteigen? Kannst du nicht etwas Originelleres tun, als auf diesem alten Müllhaufen herumzukrabbeln? Du willst ein Buch schreiben? Aber die Buchläden sind doch schon voller Bücher, die keiner kauft. Du möchtest im Vertrieb arbeiten? Und dein ganzes Leben damit verbringen, Kunden hinterherzujagen? Such dir doch lieber eine Arbeit, bei der die Leute auf dich zukommen. Du willst Psychologe werden? Ach, tatsächlich? Und dir den ganzen Tag das Gejammer von anderen Leuten anhören? Du musst verrückt sein. Fang doch lieber etwas Erbaulicheres mit deinem Leben an. Viele von uns sehen bei allem stets die Schwachstellen, sie bohren darin herum und verhalten sich dabei wie ein menschlicher Presslufthammer. Die beste Methode, diese inneren und äußeren Presslufthämmer abzuschalten, besteht darin, den gerechtfertigten Argumenten zuzustimmen, ohne deshalb zu einer düsteren Schlussfolgerung zu gelangen. Es ist richtig, dass immer mehr Menschen versuchen, den Everest zu besteigen. Aber es muss beeindruckend sein, warum sonst würden sie so viel dafür bezahlen? Es stimmt auch, dass die meisten Autoren nicht viel Geld verdienen, deshalb muss das Schreiben ihnen irgendetwas anderes geben. Und zweifellos haben Psychologen mit Menschen zu tun, die durcheinander sind. Aber es muss inspirierend sein, ihnen dabei zu helfen, eine neue Perspektive zu bekommen.

Bleiben Sie trotz des Wechsels von Höhen und Tiefen bei Ihrem aktuellen Projekt, denn dann wird etwas Interessantes passieren – Sie werden es lieb gewinnen. Betrachten Sie Ihr Projekt wie ein Puzzle aus tausend Teilen. Am Anfang ist es spannend, aber dann wird es häufig sehr mühsam weiterzumachen. Doch jedes Mal, wenn Sie wieder zwei Teile miteinander verbinden können, erleben Sie einen Moment der Freude. Und das motiviert Sie dranzubleiben, bis das Puzzle fertig ist. Je länger Sie sich mit etwas befassen, umso intensiver wird der Wunsch, das Ziel zu erreichen. Beharrlichkeit fördert das Interesse. Eine Professorin für mittelalterliche Geschichte sagte mir einmal, dass sie erkannt hatte: Je mehr sie über ihr Thema erfuhr und je intensiver sie sich damit beschäftigte, desto größer wurde ihre Begeisterung.

Sobald sich Menschen auf der Suche nach ihrer Passion einem Projekt widmen, werden sie von der Frage verfolgt: »Soll das etwa schon alles gewesen sein?« Doch es gibt keinen

Grund zur Panik. Sich auf ein bestimmtes Projekt auszurichten, bedeutet nicht, dass Sie in Ihrem Leben nie mehr etwas anderes tun werden. Es ist lediglich eine von vielen Ideen, die Sie verwirklichen. Je mehr Erfahrung Sie mit der Umsetzung von Plänen haben, desto mehr Ideen werden Sie in den kommenden Jahren entwickeln und zum Abschluss bringen.

Ihr Projekt ist ein interessantes Kapitel in Ihrer Lebensgeschichte. Bleiben Sie dran, dann wird es Sie zum nächsten Kapitel führen.

Kernpunkte

- Lassen Sie sich nicht durch einen Mangel an Begeisterung bremsen. Die aufflammende Leidenschaft ist eine intensive Emotion, aber kein alltagstaugliches Gefühl. Niemand ist an sieben Tagen der Woche 24 Stunden lang begeistert, wenn er eine Idee hat und darum ringt, sie zu verwirklichen.
- Ersetzen Sie den Begriff *Passion* durch das Wort *Interesse* und bleiben Sie an Ihrem Vorhaben dran.
- Wenn Sie Ihr Projekt trotz des Wechsels von Höhen und Tiefen, Rückschlägen und Erfolgen weiterverfolgen, wird es eine immer größere Bedeutung für Sie erlangen.

8 Ja, aber ich habe keine Ahnung, wie ich vorgehen soll

Sie und ich wissen, dass Sie sich jetzt auf Ihre Intuition verlassen. Herzlichen Glückwunsch, das erfordert Mut. Sie tun etwas Neues, etwas, das Sie noch nie gemacht haben, daher können Sie nicht sicher sein, ob Sie alles oder überhaupt etwas richtig machen. Es ist schön, wenn Sie bereits gewisse Kenntnisse haben, aber falls es nicht der Fall ist, bleibt Ihnen nichts anderes übrig, als so zu tun, als wüssten Sie Bescheid, bis es tatsächlich so weit ist.

»Tue so, als ob«, ist ein häufiger Leitspruch von Menschen mit dem Dranbleib-Faktor. Sie sollten dieses Motto in der Nähe Ihres Schreibtischs sowie am Badezimmerspiegel anbringen. Möglicherweise ist es die einzige Orientierungshilfe, die Sie im Moment haben. Natürlich ist sie längst nicht so ein guter Ratgeber wie die eigene Erfahrung, aber da Ihnen diese momentan noch fehlt, ist die nächstbeste Möglichkeit, so zu tun als ob. Kann das funktionieren? Zweifellos, nur vielleicht nicht immer so schnell, wie Sie es sich wünschen. Aber Sie können sich mit dem Motto trösten: »Besser spät als nie!«

Jeder, der einen neuen Weg einschlägt, kommt – in der Regel eher früher als später – an einen Punkt, an dem er nicht mehr weiterweiß. Viele Menschen sind dann regelrecht blockiert. Diejenigen, die dranbleiben, treffen in diesem Fall eine beherzte Entscheidung. Es gibt nur einen Weg, um vorwärtszukommen, wenn Sie nicht sicher sind, wie es weitergeht: Schließen Sie einfach Ihre Augen und springen Sie!

An irgendeinem Punkt werden Sie Ihre Idee jemandem verkaufen müssen, egal worum es sich dabei handelt. Und das ist nie leicht, wenn Sie ein Neuling auf dem Gebiet sind. Wenn Sie beispielsweise einen Service anbieten wollen, üben Sie am besten mithilfe einer C-Liste von potenziellen Klienten, bei denen die geringsten Erfolgsaussichten bestehen. Durch Versuch und Irrtum perfektionieren Sie so Ihr Verkaufstalent und machen Ihre Fehler bei den Leuten, die als Kunden wahrscheinlich am wenigsten infrage kommen oder am unrentabelsten für Sie sind. Wenn Sie aus Ihren Fehlern etwas gelernt haben, gehen Sie zu Ihrer B-Liste über und nehmen erst danach die A-Liste mit den vielversprechendsten Kunden in Angriff.

Ein Produkt oder einen Service anzubieten ist einfach, solange uns das Ergebnis nicht wichtig ist, aber es ist schrecklich schwierig, wenn viel für uns auf dem Spiel steht. Die meisten von uns suchen Rat bei ihrer Familie und Freunden. Das kann hilfreich sein, solange man deren Feedback nicht für einen fundierten Expertenrat hält.

Beim Sprung ins kalte Wasser auf sich selbst vertrauen

Der kanadische Finanzberater David Chilton ist eine Legende unter den Autoren, die ein Buch im Selbstverlag veröffentlicht haben. Sein Buch *The Wealthy Barber* (Der reiche Barbier) verkaufte sich millionenfach. Aber als Chilton die ersten Exemplare von der Druckerei abholte, hatte er noch keine Ahnung vom Buchmarkt und wie er weiter vorgehen sollte. Bereits im Vorfeld hatte er seiner Familie und Freunden einige Kapitel zum Lesen gegeben und sie um ihre Meinung gebeten. Er wollte kein oberflächliches positives Feedback von ihnen bekommen, sondern in Erfahrung bringen, ob sie die Kapitel wirklich inspirierend und hilfreich fanden. Die positiven Rückmeldungen förderten sein Selbstvertrauen und halfen ihm durchzuhalten. Was das Marketing anging, verließ Chilton sich hingegen nicht auf Leute, die auf diesem Gebiet keine Erfahrung hatten. Nutzen Sie Freunde und Kollegen zum Faktencheck sowie als konstruktive Kritiker und Motivatoren, aber sehen Sie sie nicht als kompetente Ratgeber, wenn sie auf einem Gebiet noch weniger Bescheid wissen als Sie selbst. Wenn Sie eine konkrete Entscheidung treffen müssen, sollten Sie sich bewusst sein, dass Sie auf sich selbst gestellt sind. Lassen Sie sich so viel wie möglich von Menschen beraten, die wirklich kompetent sind, und treffen Sie dann eine beherzte Entscheidung. Es ist natürlich kein gutes Gefühl, wenn man einen Fehler gemacht hat, aber es ist viel schlimmer, eine Chance zu verpassen, nur weil man sich auf den Rat von Herrn Meier aus dem Nachbarbüro verlässt, der gerade mal so viel Geschäftssinn wie eine Erbse hat.

Meine Klientin Nicky wollte gerne Kinderbücher illustrieren, war sich aber unschlüssig, welche ihrer Arbeitsproben den Verlagen am besten gefallen und zu einem Auftrag führen würden. Sie befürchtete, ihre Chancen zu verspielen, wenn sie die falschen Zeichnungen vorlegte. Also tat sie etwas Naheliegendes: sie suchte Rat bei Freunden und Bekannten und hörte lauter verschiedene Meinungen. Als sie nach langem Zögern schließlich eine Entscheidung traf, riet ihre beste Freundin ihr dazu, lieber eine ganz neue Serie von Zeichnungen anzufertigen. Jetzt war Nicky so demotiviert, dass sie ihr Vorhaben fast schon aufgeben und ihre Zeichnungen in den Papierkorb werfen wollte.

Auf welcher Qualifikation basierte das Urteil der Freundin, die der Meinung war, Nicky habe eine völlig falsche Bildauswahl getroffen? In Nickys Augen war sie »sehr klug und extrem erfolgreich«. Sie hatte tatsächlich einige beeindruckende Erfolge vorzuweisen, allerdings im Investmentbereich und nicht in der Verlagsbranche. Sie verbrachte nie Zeit mit Kindern und hatte keine Ahnung von Kinderbüchern. Wahrscheinlich konnte sie das Börsenbarometer besser interpretieren als die meisten anderen Leute. Aber was ihre Zeichnungen betraf, hatte Nicky keinen Grund, dem Urteil ihrer Freundin zu vertrauen.

TIPPS FÜR DAS SELBST

Jeder möchte gerne ein Experte sein. Fragt man andere bei irgendeinem Thema um Rat, geben sie bereitwillig ihren Senf dazu, egal ob sie eine Ahnung davon haben oder nicht, denn niemand lässt sich gerne die Chance entgehen, schlau daherzureden. Außerdem haben die Ratgeber in dem Fall den Vorteil, keine Verantwortung zu tragen, worauf sie auch gerne hinweisen:»Aber hör nicht auf mich. Was weiß ich schon? Letztlich musst du selbst entscheiden.« Großartig! All das Gerede war also reine Zeitverschwendung. Wenn wir ohnehin schon verunsichert sind, können wir weitere verwirrende Gedanken von Leuten, die noch weniger Ahnung haben als wir selbst, überhaupt nicht gebrauchen. Falls wir andere Menschen, die keine Experten auf dem Gebiet sind, nach ihrer Meinung fragen, sollten wir daher nur gezielte Fragen zu einem bestimmten Aspekt unseres Projekts stellen. Nicky fragte ihre Freunde zum Beispiel nicht länger, welche Bilder sie für ihre Präsentationsmappe auswählen sollte, sondern forderte sie auf, sich für eine von zwei Zeichnungen mit Koalabären zu entscheiden.

Manchmal ist Unwissenheit ein glücklicher Zustand

Mangelndes Wissen kann ein Segen sein, da man freier ist, Dinge auszuprobieren, die man sonst nie versuchen würde. Als ich mich entschloss, nebenbei als Coach zu arbeiten, bot ich Firmen, die ich ködern wollte, eine kostenlose »Lunch-and-Learn-Präsentation« an. Wenn ich heute an diese ersten Veranstaltungen inklusive Lunchpaket zurückdenke, läuft es mir kalt den Rücken hinunter. Ich hatte zu viele detaillierte Informationen in meinen Vortrag gepackt, die niemanden interessierten, und peitschte in der einen Stunde zu viele

Partnerübungen durch, sodass die Teilnehmer gezwungen waren, mit vollem Mund zu sprechen, da sie keine Zeit hatten, ihr Thunfischsandwich in Ruhe aufzuessen. Aber manchmal hilft es, etwas naiv zu sein. Ich war überzeugt davon, dass ich sehr gelungene Einführungsseminare zum Thema Coaching halten konnte, und das war gut so, denn sonst hätte ich nie den Mut gehabt, es in den Vorstandsetagen unter Beweis zu stellen. Dank meines ungetrübten Selbstvertrauens, das nur daher rührte, dass ich es nicht besser wusste, sammelte ich die nötigen Erfahrungen. Bereits nach kurzer Zeit verbesserte ich meine Lunch-and-Learn-Präsentation erheblich und bekam einen tollen Auftrag.

Viele Menschen wissen nicht, wie sie ihre Idee am besten vermarkten oder ihr Projekt insgesamt voranbringen sollen. Es ist schmerzlich und manchmal regelrecht demütigend, erst einmal etwas zu vermasseln, bevor man schlauer wird und es besser macht. Aber Sie können sicher sein, dass diese unvermeidlichen Fehltritte am Ende ein wunderbarer Stoff für Anekdoten sind, mit denen Sie andere unerfahrene Menschen inspirieren können.

Schlimmer als jeder unsichere Anfang ist es, gar nicht loszulegen, weil man nicht weiß, wie man es anstellen soll. Aber dank Google und anderer Suchmaschinen im Internet ist es in der Regel relativ leicht, Informationen zu finden, die man für die ersten Schritte benötigt. Und wir alle haben schon ein paar Dinge recherchiert. So haben wir irgendwann bereits einmal herausgefunden, wie man einen Job oder eine Immobilie findet, ein Darlehen bekommt, ein Auto verkauft, eine Scheidung einreicht, ein Haustier aussucht oder in eine andere Stadt umzieht. Wenn Sie darüber nachdenken, gab es im Laufe der Jahre wahrscheinlich ein Dutzend Gelegenheiten, bei denen Sie im Dunkeln begannen und es irgendwie schafften, das Licht am Ende des Tunnels zu erreichen.

Antworten erhält man durch Fragen

Menschen mit dem Dranbleib-Faktor betonen immer wieder, dass man gar nicht so viel wissen muss, wenn man beginnt, sein Ziel zu verfolgen. Es ist ein Learning-by-doing-Prozess. Um weiterzukommen muss man sich lediglich auf den nächsten Schritt konzentrieren. Wenn man unsicher ist, wie dieser aussehen soll, empfiehlt es sich, auf eine Frage zurückzugreifen, mit der Tausende von Erfolgsgeschichten begannen: »Was muss ich zuerst herausfinden?«

Das Prinzip »Bittet, dann wird euch gegeben« wirkt tatsächlich Wunder. Nehmen wir an, Sie möchten Körbe aus Nigeria importieren, haben aber noch nie mehr importiert als zwei Flaschen Rum bei der Rückkehr aus Ihrem letzten Karibikurlaub. Also fragen Sie sich: »Wo bekomme ich Informationen darüber, wie man Waren importiert?« Googeln Sie ein bisschen, dann werden Sie schnell fündig. Wissen baut auf Wissen auf. Nachdem Sie die ersten Informationen gesammelt haben, werden Sie in der Lage sein, kompetente Menschen ausfindig zu machen und ihnen ein paar Fragen zu stellen. Und Sie werden sofort einige Antworten erhalten. Dann testen Sie diesen Prozess erneut. Dieses Mal fragen Sie: »Wo finde ich Händler, die diese Körbe verkaufen könnten?« Diese Frage zieht sicherlich intensivere Recherchen nach sich, die aber auch zu größeren Erkenntnissen führen.

Es ist egal, wie Ihr Ziel aussieht; die Umsetzung beginnt damit, sich Ihrer Idee mithilfe von Fragen zu nähern. Die sechs W-Fragen für Journalisten dienen als verlässliche Initialzündungen, egal ob Sie ein Unternehmen gründen, eine neue Dienstleistung am Arbeitsplatz vorschlagen oder einem persönlichen Interesse nachgehen möchten. Sie lauten: Was, wer, warum, wo, wann und wie?

Die folgenden Beispiele zeigen, wie zwei meiner Klienten mithilfe dieser Fragen bei ihren Projekten weiterkamen. Die

Sachbearbeiterin Jasmine hatte die Vision, einen Mutter-Kind-Urlaub zu organisieren. Und der Systemanalytiker Paul wollte gerne die Kunst des Glasmalens erlernen.

1. Was?

Jasmine fragte sich: »Welche Aktivitäten werde ich anbieten?« Sie fand die Antwort, indem sie viele Elternzeitschriften las und mit Kindergärtnerinnen und jungen Müttern sprach.

Paul fragte sich, wie seine Glasmalkunst aussehen sollte, welcher Stil ihm am besten gefiel.

2. Wer?

Jasmine recherchierte, wer am wahrscheinlichsten zu ihrer Zielgruppe gehören würde. Sie besprach ihre Idee mit Mitgliedern von Verbänden, Reisebüros, Frauen, die zum ersten Mal Mutter geworden waren, Müttern von Kleinkindern sowie von älteren Kindern.

Paul fragte sich, wer ihm helfen konnte, die Kunst des Glasmalens zu erlernen.

3. Warum?

Jasmine recherchierte, aus welchen Gründen Mütter sich für ihr Angebot interessieren könnten und warum sie sich möglicherweise auch nicht dafür interessieren würden, damit sie die positiven Punkte hervorheben und Einwänden konstruktiv begegnen konnte.

Paul fragte sich, warum Glas das richtige Medium für ihn war.

4. Wo?

Jasmine rief Gasthäuser und Pensionen in ihrer Region an, um Antworten auf die Frage zu erhalten: »Wo könnte der Erholungsurlaub für Mutter und Kind stattfinden und wie viel würde er kosten?«

Paul fragte sich, wo er einen Platz zum Malen finden würde, und dachte über die Möglichkeit nach, seinen Keller in ein Atelier umzufunktionieren.

5. Wann?

Jasmine sprach mit Gasthäusern und Müttern über die geeignetsten Zeiten für einen Wochenendurlaub.

Paul fand heraus, wann Glasmalereikurse angeboten wurden.

6. Wie?

Aufgrund der Antworten auf ihre Frage, wie sie potenzielle Kundinnen erreichen würde, suchte Jasmine im Internet nach Organisationen und Elternzeitschriften, um dort ihren Mutter-Kind-Urlaub zu bewerben.

Paul fragte sich, wie er seinen Alltag umstrukturieren musste, um Zeit für den wöchentlich stattfindenden Kurs zu haben.

Tun Sie so, als wüssten Sie bestens Bescheid

Egal ob Sie nun ein alter Hase oder ein Neuling auf einem Gebiet sind, es geht immer darum, den Leuten zu vermitteln, dass sie bekommen, was Sie ihnen versprochen haben. Vor Ihnen liegt also die Herausforderung, an die entsprechenden Informationen zu kommen bzw. sich entsprechende Fähigkeiten anzueignen. Wie, interessiert die anderen nicht. Sie wollen während eines Flugs ja vermutlich auch nicht hören: »Guten Tag, hier spricht Ihr Flugkapitän. Wir befinden uns in einer Flughöhe von 35000 Fuß. Übrigens steuere ich die Maschine heute zum ersten Mal, ich bin ein bisschen nervös und Herzklopfen habe ich auch. Aber es wird schon klappen.«

Menschen, die ein Projekt in Angriff nehmen oder beruflich in einem neuen Bereich tätig werden, haben in der Regel das

Gefühl, sich noch nicht gut genug auszukennen. Aber Neulinge können für ein Team oder einen Kunden von besonderem Wert sein, da keiner sich mehr einsetzt als jemand, der erfahrener oder kompetenter wirken möchte, als er tatsächlich ist. Wenn Sie so tun, als wüssten Sie bestens Bescheid, gehen Sie voller Einsatzbereitschaft und auf die bestmögliche Weise vor, die Ihnen zu diesem Zeitpunkt einfällt. Doch falls Sie es noch nicht bei Shakespeare gelernt haben, fragen Sie sich vielleicht: »Wie tut man so, als ob?« William James, der bedeutende amerikanische Psychologe und Philosoph des frühen 20. Jahrhunderts, hat eine Strategie entwickelt, die viele Menschen noch heute anwenden. James zufolge rufen unsere physischen Aktionen unsere Gefühle hervor. Wenn wir lächeln, so sagte er, fühlen wir uns glücklicher. Wenn wir schluchzen, fühlen wir uns traurig. In seinem Essay »The Gospel of Relaxation« (Die Prinzipien der Entspannung) schrieb er: »Die wirksamste Methode, verlorene Heiterkeit zurückzugewinnen, besteht darin, sich so zu verhalten, zu handeln und zu sprechen, als ob man bereits wieder fröhlich wäre ... Führt dieses Verhalten nicht rasch zur Fröhlichkeit, wird man sie auch durch nichts anderes erreichen. Will man sich also mutig fühlen, sollte man so tun, als *sei* man mutig, und seinen Willen ganz und gar dazu einsetzen. Dann wird der Mut wahrscheinlich das Gefühl der Furcht ersetzen.«

Der Psychologe Paul Ekman, ein Pionier der nonverbalen Kommunikation, hat umfangreiche Untersuchungen durchgeführt, die James' Theorie bestätigen. In einem Gespräch mit dem Dalai Lama, das in dem Buch ›Dialog mit dem Dalai Lama: Wie wir destruktive Emotionen überwinden können‹ enthalten ist, erläutert Ekman die Verbindung zwischen der Mimik und Veränderungen im Gehirn. Er stellt fest: »Das Gesicht dient nicht bloß der Darstellung, sondern auch der Aktivierung von Emotionen.« Die Wissenschaft untermauert James' Behauptung, ein Lächeln löse – egal wie man sich fühlt – eine Gehirnaktivität aus, die mit guten Gefühlen assoziiert wird. Und ein Stirnrunzeln ruft eine Gehirnaktivität hervor, die üblicherweise mit Traurigkeit verbunden wird. Das bedeutet mit anderen Worten: Nehmen Sie eine selbstbewusste Körperhaltung ein – Brust raus, Kopf hoch! –, dann werden Sie sich tatsächlich selbstbewusster fühlen. Falls Sie das Gefühl haben, das sei ein bisschen viel verlangt, sollten Sie sich daran erinnern, dass Sie die Wahl haben. Sie können anderen Ihre Unsicherheit zeigen oder sich dafür entscheiden, Stärke und Entschlossenheit auszustrahlen, weil Sie wissen, dass Sie auf irgendeine Weise halten werden, was Sie versprechen.

»So zu tun, als ob«, bis Sie Ihre Sache richtig gut beherrschen, bedeutet, voller Zuversicht zu handeln. Dabei basiert Ihre Zuversicht nicht auf Ihrer Erfahrung, sondern auf der Überzeugung, mit allen Problemen fertig werden zu können. Wenngleich Sie vielleicht nicht wissen, ob Sie alles auf die bestmögliche Weise erledigen, machen Sie unverzagt weiter und vermitteln Ihrer Umwelt einen zuversichtlichen Eindruck. Und Sie verfolgen diesen Weg so lange, bis Sie einen guten Grund haben, einen neuen Pfad auszuprobieren. Dann versuchen Sie es erneut, dieses Mal bereits etwas erfahrener und weiser. Genauso machen es alle, die dranbleiben – ganz im Ernst!

Kernpunkte

- Da Sie etwas Neues ausprobieren, können Sie nicht erwarten, alle Antworten sofort parat zu haben. Zudem werden Sie nicht alle nötigen Kenntnisse, die Sie gerne hätten, in Büchern finden oder von Freunden vermittelt bekommen, die auch nicht mehr Ahnung haben als Sie.
- Sie müssen gar nicht so viel wissen, wie Sie meinen, um Ihr Ziel zu verfolgen – es ist ein Prozess des Learning-by-doing.

Tun Sie so, als wüssten Sie bestens Bescheid |

Nähern Sie sich Ihrer Idee mithilfe von Fragen und beantworten Sie dann eine nach der anderen.
- An einem bestimmten Punkt müssen Sie unter Umständen »so tun, als ob«, bis Sie Ihre Sache richtig gut beherrschen. Verhalten Sie sich so, als wüssten Sie bestens Bescheid und verfolgen Sie Ihren Plan energievoll und beherzt. Nur durch Versuch und Irrtum werden Sie die Erfahrungen sammeln, die Ihnen bisher noch fehlen.

Übung

»So tun, als ob« in drei Schritten

Wenn Sie »so tun wollen, als ob«, bis Sie Ihre Sache gut beherrschen, müssen Sie selbstsicherer auftreten, als es Ihrem inneren Gefühl eigentlich entspricht. Andere Menschen sehen nur, was Sie ihnen zeigen, dessen sollten Sie sich stets bewusst sein. Egal ob Sie viel Erfahrung haben oder ob ein Bereich für Sie noch neu ist, Ihre Aufgabe besteht darin, andere davon zu überzeugen, dass Sie Ihre Zusagen auch einhalten werden.
Die folgende Strategie in drei Schritten hilft Ihnen, so aufzutreten, als hätten Sie alles Selbstvertrauen der Welt, um diejenigen, die Sie beeindrucken wollen, von sich zu überzeugen. Am wichtigsten ist dabei der folgende Punkt: *Wenn Sie sich so verhalten wie die Person, die Sie gerne sein möchten, werden Sie zu dieser Person.*

Erster Schritt: Spreche ich oder spricht eine Maus?
In der Regel ist unsere Nervosität anhand unserer Mimik, unserer Stimme und Körperhaltung erkennbar. Manche von uns reden bei Besprechungen zu schnell, andere murmeln undeutlich, rutschen unruhig auf ihrem Stuhl hin und her oder halten den Blick gesenkt. Ein Klient von mir hatte die Angewohnheit,

sich häufig am Kopf zu kratzen, wenn er nervös war, was seine Gesprächspartner mit Sicherheit ablenkte und sie möglicherweise befürchten ließ, er könne Läuse haben.

Damit Sie keine Stresssignale aussenden, sollten Sie mit einer starken inneren Vorstellung arbeiten, wie Sie *nicht* wirken wollen und wie Sie *gerne* auftreten möchten. Diese Technik ist eine Form von Bio-Feedback – Sie machen sich bestimmte Signale bewusst, die Sie ungewollt aussenden, und können sie auf diese Weise korrigieren.

Stellen Sie sich eine fiktive oder reale Figur vor, die ängstlich und nervös ist. Es kann sich dabei um einen Menschen oder ein Tier handeln, etwa um eine Maus oder einen Hasen. Notieren Sie, wen oder was Sie sich vorstellen:

_____

_____

Stellen Sie sich nun vor, dass sich die Persönlichkeit dieser Person oder dieses Tiers auf Sie überträgt, kurz bevor Sie an einer Besprechung teilnehmen oder an einen neuen Arbeitsplatz kommen. Beantworten Sie dann die folgenden Fragen:

Wie fühlen Sie sich mit der Persönlichkeit dieser Person oder dieses Tiers?

_____

_____

Welche Körperhaltung haben Sie? Wie stehen Sie da?

_____

_____

Welchen Gesichtsausdruck haben Sie? Was strahlen Sie aus?

_____

_____

Wohin schauen Sie beim Sprechen?

_____

_____

Wie klingt Ihre Stimme? Ist sie zu hoch, zu schnell, zu langsam, zu tief?

_____

_____

Welchen Eindruck machen Sie auf diejenigen, die Sie gerne von sich überzeugen möchten?

_____

_____

Glauben Sie, die Menschen werden nach der Begegnung mit Ihnen davon überzeugt sein, dass Sie Ihre Zusagen einhalten werden?

_____

_____

Zweiter Schritt: Der Adler ist gelandet
Stellen Sie sich nun eine sehr starke Person oder ein starkes Tier vor. Notieren Sie, wen oder was Sie sich vorstellen:

_____

_____

Ihr Ziel besteht darin, mit der Kraft und dem Selbstvertrauen dieser Person oder dieses Tiers in eine Besprechung oder an einen neuen Arbeitsplatz zu gehen. Beantworten Sie nun die folgenden Fragen:

Wie fühlen Sie sich mit der Persönlichkeit dieser Person oder dieses Tiers?

_____

_____

Welche Körperhaltung haben Sie? Wie stehen Sie da?

_____

_____

Welchen Gesichtsausdruck haben Sie? Was strahlen Sie aus?

_____

_____

Wohin schauen Sie beim Sprechen?

_____

_____

Wie klingt Ihre Stimme?

_____

_____

Welchen Eindruck machen Sie auf diejenigen, die Sie gerne von sich überzeugen möchten?

_____

_____

Glauben Sie, die Menschen werden nach der Begegnung mit Ihnen davon überzeugt sein, dass Sie Ihre Zusagen einhalten werden?

_____

_____

Dritter Schritt: Erinnern Sie sich daran, »so zu tun, als ob«
Suchen Sie sich irgendeinen Gegenstand, der Sie an die starke Person oder das starke Tier erinnert. Beispielsweise ein Foto oder auch einen Stift, eine Uhr oder einen Stein – etwas jedenfalls, das für Sie Stärke symbolisiert.

Sehen Sie sich den Gegenstand an oder berühren Sie ihn, um sich daran zu erinnern, die gewünschte Körperhaltung einzunehmen und das entsprechende Selbstvertrauen auszustrahlen.

Falls Sie während einer Begegnung mit einem oder mehreren Menschen feststellen, dass Sie trotzdem von einem Gefühl der Unsicherheit übermannt werden, sollten Sie sich fragen, ob Sie wie die ängstliche Figur wirken wollen, die Sie weiter oben beschrieben haben, oder wie die starke. Wenn Sie sich diese Frage stellen, werden Sie Ihr Verhalten automatisch verändern.

9 Ja, aber ich habe Angst

Angst sieht sehr komisch aus. Sehen Sie in den Spiegel, reißen Sie Ihre Augen weit auf und runzeln Sie die Stirn. Hallo, Sie blicken gerade der Angst ins Gesicht – und die Angst schaut geradewegs zurück wie ein Emu mit Glupschaugen, der ins Scheinwerferlicht des Lebens geraten ist.

Schon bei der kleinsten Ermunterung setzt die Angst ein und dominiert unseren Geist wie ein ungebetener Gast aus der Hölle. Und sobald die Angst eingezogen ist, macht sich das Selbstvertrauen aus dem Staub. Daher beruhigt es uns auch nicht, wenn andere Leute uns sagen, wir sollten uns keine Gedanken machen, weil die meisten Dinge, die uns Sorgen bereiten, ohnehin nicht passieren werden. Und sollte es zum Äußersten kommen, würden wir schon lernen, damit umzugehen. Stattdessen geraten wir in Panik. Wir rennen ins Badezimmer, spritzen uns einen Schwall Wasser ins Gesicht und erblicken im Spiegel einen Emu, der uns aus großen Augen anstarrt. Und in diesem Moment verschwindet der letzte Rest unseres Selbstvertrauens im Abfluss.

Wir alle hören auf unsere Ängste. Das liegt in der menschlichen Natur. Angst ist ein Überlebensinstinkt. Ohne sie gäbe es wahrscheinlich keine Menschen mehr und die Ameisen hätten längst die Herrschaft auf der Erde übernommen. Hätten die Menschen sich nicht ängstlich in die Höhle zurückgezogen, als sie das Brüllen des Säbelzahntigers hörten, wäre aus ihnen wahrscheinlich nie mehr geworden als ein leckeres Abendessen für große Raubkatzen. Bis zum heutigen Tag erinnert unsere Angst uns daran, dunkle Gassen zu meiden und uns nicht in der Nähe von unerfahrenen Golfspielern aufzuhalten. Und dafür können wir ihr dankbar sein. Deshalb sehen wir die Angst natürlich als unsere Beschützerin. Allerdings kann sie uns sehr stark beherrschen. Unser Selbsterhaltungstrieb ist so stark ausgeprägt, dass er sich zu einem übereifrigen Verkehrslotsen entwickeln kann, wenn wir ihn nicht kontrollieren. Sobald wir nur einen Fuß auf die Straße setzen, pfeift er uns schon zurück, obwohl das nächste Auto noch Hunderte von Metern entfernt ist. Doch wie sollen wir auf diese Weise je unser Ziel erreichen? Es ist unmöglich. Die Angst hält uns fest. Wenn wir versuchen, sie abzuschütteln, setzt sie sich zur Wehr. Sie kämpft auf hinterlistige Weise und versetzt uns einen gemeinen Schlag in die Magengrube. Nehmen wir an, wir stünden auf einer Bühne und wären keineswegs körperlich bedroht, die Angst würde uns trotzdem drangsalieren wie ein gnadenloser Tyrann auf dem Schulhof. Selbst wenn wir das sympathischste Publikum der Welt hätten und im Zuschauerraum lauter Nonnen säßen, würde sich unser Magen zusammenziehen, unser Herz rasen und wir würden weiche Knie und feuchte Hände bekommen. Warum ist das so? Kann es etwa sein, dass eine der Nonnen auf einmal eine bedrohliche Karateposition einnimmt und zum Angriff übergeht? Sicherlich nicht. Aber unsere Angst ist übervorsichtig. Sie sagt uns:»Verschwinde hier, du Niete. Dein Auftritt wird bestimmt ein Flop, also zieh dich gefälligst langsam und unauffällig von der Bühne zurück.«

Angst ist extrem manipulativ. Wenn wir ihren körperlichen Attacken standhalten, ändert sie blitzschnell ihre Taktik und verkleidet sich als weise alte Frau, die uns ermahnt, auf den sicheren, ausgetretenen Pfaden zu bleiben. Sobald wir dafür plädieren, etwas zu wagen, setzt die Angst uns gehörig zu. Bestehen wir darauf, ein Risiko einzugehen, wird die Angst richtig unangenehm. Zu unserem eigenen Besten erklärt sie uns laut und deutlich, dass wir nicht das Zeug dazu haben. »Moment mal, Freundchen«, sagt sie, »im Dschungel regiert der Löwe, aber du, mein Herzchen, erinnerst mich eher an ein Erdmännchen als an eine Raubkatze.«

Die Angst ist ein maskierter Feigling

Die Angst ist extrem risikoscheu. Deshalb rät sie uns stets, den Status quo aufrechtzuerhalten. Statt in die große weite Welt zu ziehen, sollen wir lieber das sichere kleine Planschbecken nicht verlassen. Vielleicht ist das Leben in unserem Plastikpool nicht ideal, aber zumindest befindet sich dort nichts Furchterregenderes als ein paar ertrunkene Fliegen. Natürlich stehen die Chancen 50:50, dass das Unbekannte angenehmer als der momentane Zustand wäre, aber um das herauszufinden, müssten wir es darauf ankommen lassen. Und warum sollten wir etwas riskieren? Aus der Perspektive der Angst ist das Leben ein wackliges Kartenhaus. Wenn man eine Karte berührt, kann das ganze Gebilde in sich zusammenstürzen. Diesem Schicksal können wir mühelos entgehen, wenn wir alles so belassen, wie es ist und nicht an den Dingen rühren.

Der Verbündete der Angst ist unser innerer Kritiker. Wäre unser innerer Kritiker eine echte Person, würden wir nach zwei Minuten in seiner Gesellschaft die Flucht ergreifen. Dieses ständig urteilende Plappermaul, das in jedem von uns wohnt, fördert unsere Unsicherheit und ergötzt sich daran, uns an unsere Unzulänglichkeiten zu erinnern. Jedes Mal, wenn wir das Gefühl hatten, jemanden enttäuscht zu haben, sei es ein Elternteil oder einen Schullehrer, hat sich der innere Kritiker eine Notiz gemacht. Jedes Mal, wenn jemand sich darüber beklagte, dass er mehr von uns erwartet hätte, hat der innere Kritiker es registriert. Jedes Mal, wenn wir irgendetwas vermasselt haben, hat der innere Kritiker diese Information gespeichert, um uns später wieder daran zu erinnern.

Im einen Ohr sitzt also unsere Angst und drängt uns dazu, uns geduckt zu halten und das Schicksal nicht herauszufordern, weil die Welt dort draußen so gefährlich ist und Menschen mit den besten Absichten schlimme Dinge widerfahren. Und im anderen Ohr haben wir den inneren Kritiker, der uns all unsere Fehler vorhält und uns fragt, wie wir angesichts all unserer Unzulänglichkeiten und unseres häufigen Versagens erwarten können, dass sich unsere Welt auf einmal drastisch verändert und wir plötzlich erfolgreich sind.

Es ist verlockend, unsere Angst und unseren inneren Kritiker als liebevolle Teile unseres Selbst zu sehen, die nur um unser Wohl besorgt sind. Aber es handelt sich bei ihnen nicht um die sanfte Stimme einer Großmutter, die uns drängt, eine warme Jacke anzuziehen, weil es draußen kalt werden könnte. Angst und Selbstkritik sind vielmehr lähmende Kräfte, die uns – ließen wir sie gewähren – daran hindern würden, überhaupt aus dem Haus zu gehen. Die Stimme der Fürsorge hat nichts gegen unsere Aktivitäten, sie erinnert uns lediglich daran, wachsam zu sein. Wenn wir uns selbst ermahnen, vorsichtig zu sein, aktivieren wir unseren Radar. Reden wir uns dagegen ein, dass wir nicht gut genug sind, um unser Vorhaben umzusetzen, und mit schrecklichen Konsequenzen zu rechnen haben, wenn wir es versuchen, blockieren wir uns.

Angst und ihr böser Gefährte, der innere Kritiker, sind eine Realität in unserem Leben. Eine kleine Zahl von Menschen, zum Beispiel diejenigen, die mit Haien schwimmen oder zum Eisklettern gehen, waren wahrscheinlich gerade in einem anderen Zimmer, als die Götter Angst und Selbstzweifel säten und alle anderen eine gehörige Portion davon abbekamen. Menschen mit dem Dranbleib-Faktor fühlen sich nicht selbstbewusster oder sicherer als alle anderen, aber sie lernen, sich wie Neulinge beim Schlittschuhlaufen zu verhalten, die sich mit wackligen Beinen in die Mitte der Eislaufhalle wagen. Obwohl sie weiche Knie haben, sind sie entschlossen, sich von der Bande zu entfernen und so wie die erfahreneren Schlittschuhläufer eine Runde nach der anderen zu drehen. Sie spüren zwar ein leichtes Unbehagen, aber sie sind absolut entschlossen, trotzdem eine Menge Spaß zu haben. Die Angst möchte am liebsten immer mitfahren, deshalb kann man sie nur ignorieren.

Immer wenn jemand darüber nachdenkt, etwas Neues zu tun, bei dem ein gewisses Risiko enthalten ist, fangen andere Menschen das gefürchtete »Was-machst-du-wenn?«-Spiel an. Es läuft folgendermaßen ab: Sie erwähnen, dass Sie Ihren Job kündigen und sich selbstständig machen wollen. »Und was machst du, wenn du krank wirst? Was passiert dann mit deinem Unternehmen?« Nehmen wir an, Sie haben eine gute Antwort darauf: »Dagegen kann ich mich versichern.« Ihr Gegenüber wird sofort kontern: »Und was machst du, wenn du dir die Versicherung nicht leisten kannst?« Sie antworten, dass Sie sich nach einem neuen Job umsehen würden, sollte es wirklich erforderlich sein. »Aber dann wirst du um einiges älter sein. Was machst du, wenn du zu alt bist und keiner dich mehr einstellt? Und außerdem, was ist, wenn du krank bist, dann nimmt dich doch keiner.« Sie erwidern, dass Sie notfalls Ihr Haus verkaufen könnten. »Aber dein Haus ist deine einzige Sicherheit. Wie soll es denn dann weitergehen?« Das Ziel dieses beliebten Spiels ist, die Angst gewinnen und Sie verlieren zu lassen. Die meisten von uns halten ein paar Runden durch, bevor sie kapitulieren. Vielleicht haben wir einen guten Plan A, einen ganz ordentlichen Plan B, einen akzeptablen Plan C, aber unser Plan D sieht gar nicht gut aus, das wissen wir selbst. Und wer hat außerdem schon eine befriedigende Antwort auf die Frage: »Und was machst du, wenn es ein Erdbeben gibt?« Die grausame Wahrheit ist, dass man dieses Spiel nicht gewinnen kann, deshalb spielt man es am besten gar nicht erst mit. Die Antwort »Ich kann immer noch von der Brücke springen, wenn alles schiefgehen sollte«, ist daher

ebenso gut wie alle anderen. Die Dinge könnten schlecht laufen, aber ebenso könnte sich alles auch großartig entwickeln.
Niemand hat eine Kristallkugel, um die Zukunft vorherzuse-
hen. Aber die gute Nachricht lautet, dass wir – egal was auch
passiert – fast immer besser zurechtkommen, als wir anfangs
dachten.

Die Angst hat oft triftige Gründe. Aber auf jedes Furcht ein-
flößende »Was ist, wenn?« können wir entgegnen »Na und?«.
Maya, die mit einer eigenen Werbeagentur in den USA ansäs-
sige Konsumenten aus Indien und Südasien erreichen wollte, antwortete auf die Frage »Was ist, wenn deine Agentur
langfristig nicht profitabel ist?« ebenfalls kurz und knapp
»Na und?«. Sollte sie mit ihrer Agentur nach ein paar Jahren
kein Geld erwirtschaften, musste sie sich eben nach einem
Job bei einer anderen Werbeagentur umsehen. Und falls das
nicht klappen sollte, was übrigens sehr unwahrscheinlich war,
konnte sie immer noch Aufträge als freie Mitarbeiterin übernehmen. Sie ist eine einfallsreiche Person und würde *irgendetwas* tun.

Der innere Champion hat auch einige Trümpfe in der Hand

Der innere Kritiker kann uns zwar mit einer endlosen Aufzählung unserer Misserfolge verspotten, aber umgekehrt kann
auch der innere Champion eine ganze Reihe von Trümpfen
ausspielen. Denn wenngleich wir manchmal etwas vermasselt haben, so haben wir doch auch viele Dinge richtig gemacht.

Natürlich wären wir alle gerne viel klüger und weiser, aber
wir wissen auch, dass man kein Einstein sein muss, um Erfolg zu haben. Allerdings müssen wir das Gefühl abschütteln
können, zum Scheitern verurteilt zu sein, weil wir in der Ver-

gangenheit die Erwartungen anderer nicht erfüllt oder eine gewisse Messlatte nicht erreicht haben. Eine Messlatte dient letztlich dazu, uns zu beurteilen. Und das Urteil anderer ist in der Regel streng und sagt mehr über deren Probleme aus als über unsere eigenen.

Die Personalreferentin Karina wollte sich beruflich weiterentwickeln und in ihrem Unternehmen professionelles Coaching anbieten, also machte sie eine Zusatzausbildung zum Business-Coach. Aber ihr Chef war skeptisch und behauptete, sie sei dafür nicht gut genug. »Mein Chef hielt ständig einen Reifen in die Höhe, durch den ich hindurchspringen sollte. Und jedes Mal, wenn ich es geschafft hatte, hielt er den Reifen noch ein bisschen höher. Nachdem ich meine Ausbildung als Coach abgeschlossen hatte, erklärte er, meine Qualifikation reiche nicht aus, weil ich keine Arbeitspsychologin sei. Ich glaubte selbst schon fast, dass er recht hatte und ich die nötigen Anforderungen nicht erfüllte.«

Doch Karinas Niedergeschlagenheit verwandelte sich schließlich in Zorn, als ein Kollege sich über ihren Chef mokierte. Selbst wenn sie an der ortsansässigen Universität einen Doktor in Psychologie machte, so Karinas Kollege, würde ihr Chef ihr weiter Steine in den Weg legen, weil sie nicht an der Eliteuniversität Harvard studiert hatte. Seitdem ließ sich Karina nicht mehr von der Meinung ihres Chefs beeinflussen. »Endlich erkannte ich, dass es gar nicht an mir lag. Mein Vorgesetzter wollte einfach nicht, dass seine Angestellten gecoacht wurden. Er war nervös, vielleicht befürchtete er sogar, dass sie sich nach dem Coaching alle dazu entschließen würden, seinetwegen zu kündigen. Vor circa zwei Jahren hörte ich auf, ihn um Erlaubnis zu bitten, und sagte ihm, dass ich das Coaching probeweise anbieten würde. Mittlerweile bin ich der offizielle Coach des Unternehmens.«

Lassen Sie sich nicht entmutigen, werden Sie zornig

Wenn alles gut läuft, können wir mit positiven rationalen Gedanken gut gegen Angst und Zweifel angehen. Aber in der Regel attackieren diese beiden unliebsamen Kobolde uns immer dann, wenn irgendetwas schiefgeht und wir uns besonders verwundbar fühlen. Sobald wir schutzlos sind, legen sie uns den Finger auf die Brust und plappern uns so laut die Ohren voll, dass jegliche Rückkehr zur Logik unmöglich wird. Sie setzen uns derart zu, dass unsere Lösungsmodelle uns schlimmstenfalls selbst albern vorkommen und uns die Liste unserer Triumphe im Vergleich zu unseren Misserfolgen lächerlich erscheint.

An diesem Punkt, das empfehlen uns Menschen, die dranbleiben, können wir uns nur zur Wehr setzen, indem wir uns stolz in die Brust werfen und richtig zornig werden. Ja, ganz im Ernst! Wenn die Unsicherheit Sie übermannt und Sie all die Gründe aufzählen, warum Sie Ihr Ziel nicht verfolgen sollten, können und werden, sollten Sie einfach innehalten und laut schreien. Schreien Sie Ihre Zweifel nieder, um Ihre Idee und Ihr Ziel zu retten. Verpassen Sie den Zweifeln eine verbale Abreibung, als könnten Sie so gut austeilen wie ein Karate-Meister mit schwarzem Gürtel. Genau das tun Erfolgsmenschen, wenn ihre inneren Kobolde ihr Selbstvertrauen attackieren. Gehen Sie voller Zorn gegen Ihre Furcht an, dann verwandelt sie sich von einem zähnefletschenden Bullterrier in ein Hündchen mit eingezogenem Schwanz.

Ich ermutige meine Klienten dazu, Angstattacken und Zweifel mit aggressivem Kriegsgeschrei zu bekämpfen. Ich selbst knurre immer »Dieses Mal nicht!«, wenn meine Angst mich dazu drängen will, ein Projekt mittendrin aufzugeben. Meine Klientin Barbara entwickelte mit dem Spruch »Nimm dich ja vor mir in Acht« ein wirksames Gegenmittel gegen ihre Unsicherheit. Und Markus, der innerhalb seines Unternehmens aufgestiegen war und nun nachts wach lag, weil er sich Sorgen darüber machte, ob er seiner neuen Aufgabe gewachsen war, setzte sich mit dem Satz »Es ist mir so was von egal, ich ziehe es trotzdem durch« erfolgreich gegen seine Ängste zur Wehr.

Ein Kriegsschrei, mit dem wir unserer Angst einen verbalen Schlag versetzen, ist etwas anderes als eine positive Affirmation. In einer positiven Affirmation spricht man so über ein Ziel, als hätte man es bereits erreicht, und fördert damit seinen Optimismus. Aus diesem Optimismus wiederum entsteht eine kraftvolle Energie, die zur Aktivität führt. Affirmationen funktionieren, aber sie lassen sich dem Selbst manchmal nur schwer verkaufen. Ich kann 20 Mal am Tag wiederholen, dass ich reich bin, aber wenn dabei jedes Mal eine innere Stimme murmelt »Wunderbar, dann zeig mir doch endlich mal deine Reichtümer«, werde ich es schwer haben, den Optimismusschalter umzulegen.

Bei einem verbalen Schlag müssen wir uns von nichts überzeugen. Stattdessen befehlen wir unserem inneren Kritiker lediglich, still zu sein, damit wir uns unserem Vorhaben widmen können. Es ist nichts anderes, als wenn ein Skirennläufer »Halt die Klappe« schreit, weil ein Panikmacher ihm vom Rand aus zuruft »Sei vorsichtig, du bist schon einmal gestürzt!« oder »Oh je, oh je, pass bloß auf die Buckel auf!«. Jeder, der eine Idee verwirklichen möchte, muss so wie der Skifahrer seine eigenen Ängste sowie die Bedenken von außen ausblenden, um erfolgreich sein zu können. Wie der Skifahrer müssen auch wir unserem inneren Panikmacher unmissverständlich zu verstehen geben, dass er dorthin gehen soll, wo der Pfeffer wächst.

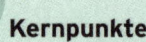

Kernpunkte

- Die Angst ist wie ein persönlicher Verkehrslotse und erpicht darauf, uns zu beschützen. Wenn es nach ihr ginge, würden wir für immer auf dem Bürgersteig stehen bleiben.
- Der Selbstzweifel ist der beste Freund der Angst. Der innere Kritiker erinnert uns an frühere Misserfolge, damit wir uns nicht übermütig auf Risiken einlassen. Menschen, die dranbleiben, sind nicht ohne Furcht und Zweifel, aber sie haben gelernt, sie zu verdrängen.
- Wenn Sie darüber nachdenken, Ihr Vorhaben aufgrund von Ängsten und Zweifeln aufzugeben, sollten Sie sich nicht in Debatten mit sich selbst verstricken. Werden Sie stattdessen wütend.
- Attackieren Sie Ihre inneren Panikmacher mit verbalen Karateschlägen, wann immer das nötig ist. Gehen Sie voller Zorn gegen Ihre Furcht an, dann verwandelt sie sich von einem zähnefletschenden Bullterrier in ein Hündchen mit eingezogenem Schwanz.

Übung

Zwei Abwehrtaktiken gegen den inneren Kritiker

Betrachten Sie Ihren inneren Kritiker – diese nörgelnde, zweifelnde Stimme, die es liebt, Sie an Ihre Fehler und Unzulänglichkeiten zu erinnern – als Ihren persönlichen Schulhoftyrannen. In den dunklen Gefilden Ihres Geistes ist er immer vorhanden und starrt Sie höhnisch an. Die folgenden beiden Übungen helfen Ihnen, bei Ihrem Vorhaben weiterzukommen, auch wenn der Tyrann versucht, Sie zusammengekauert in Ihrer sicheren Ecke zu halten.

Taktik Nummer 1 – Sich zur Wehr setzen

Sich auf eine Diskussion mit Ihrem inneren Tyrannen einzulassen ist etwas heikel. Es kann leicht auf ein endloses gegenseitiges Zungerausstrecken hinauslaufen. »Nein, ich bin kein Idiot!« »Bist du wohl!« »Bin ich nicht!« »Bist du wohl!« Frustriert und erschöpft unterdrücken Sie den Streit, setzen sich vor den Fernseher und sehen sich eine Show mit Pleiten, Pech und Pannen an. Und in diesem Moment meldet sich der Tyrann zum letzten Mal voller Genugtuung und knallt Ihnen ein niederschmetterndes »Ällabätsch!« vor den Latz.

Der innere Kritiker hat immer das letzte Wort. Das ist wie in der bekannten Fabel vom Skorpion und dem Frosch. Der Skorpion bittet den Frosch, ihn über den Fluss zu tragen, und verspricht, ihn nicht zu stechen. Doch in der Mitte des Flusses sticht der Skorpion zu, und beide ertrinken. In seinen letzten Zügen fragt der Frosch: »Warum hast du das getan?« Und der Skorpion antwortet ihm: »So ist eben mein Charakter.«

Und in der Natur des inneren Kritikers liegt es, zu kritisieren. Aber Sie können ihn mit einem verbalen Schlag verdutzen und zum Schweigen bringen. Mit dieser Taktik schlagen Sie Zweifeln die Tür vor der Nase zu oder Sie brüllen sie nieder, wann immer es nötig ist.

Die beste Kampftaktik besteht darin, stets bereit zu sein, einen Verbalschlag auszuteilen, sobald die innere Stimme verkündet, Sie seien unfähig, Ihr Ziel zu verwirklichen. Vielleicht haben Sie bereits einen bevorzugten »Lass-mich-in-Ruhe«-Satz, den Sie einsetzen können. Aber falls Sie noch keine Drohung gefunden haben, die Sie mit geballten Fäusten und zusammengekniffenen Augen zwischen Ihren aufeinandergepressten Zähnen hervorstoßen können, sollten Sie die nächste Übung durchführen.

1. Denken Sie daran, wie Ihr innerer Tyrann Sie verhöhnt. Welche typische Selbstkritik ruft bei Ihnen Zweifel oder Angst hervor?
2. Anstatt sich dem inneren Tyrannen zu unterwerfen, werden Sie nun wütend. Denken Sie an eine Szene in einem Film, Buch oder Lied, in der die starke mutige Heldin oder der Held den perfekten Satz äußert, den Sie benötigen. Der Held oder die Heldin ist wild entschlossen, wütend und wird um keinen Preis zurückweichen. Diesen Moment machen Sie sich zu eigen. Wen werden Sie im Showdown mit Ihren Zweifeln gewinnen lassen? Halten Sie schriftlich fest, was Sie einem höhnischen Tyrannen sagen würden, der Ihnen einen Dämpfer verpassen möchte.

Taktik Nummer 2 – Den Tyrannen demaskieren
Eine weitere Abwehrstrategie besteht darin, den inneren Kritiker zu entmystifizieren. Wie alle Tyrannen gleicht der innere Kritiker einem mickrigen, ängstlichen Zauberer, der sich hinter einer Furcht einflößenden Maske versteckt. Es kann sehr hilfreich sein, einen Scheinwerfer auf Ihren Tyrannen zu richten, um zu sehen, wie dieser Kerl, der solch einen Einfluss auf Sie hat, wirklich aussieht. Sobald Sie Ihren inneren Kritiker mit einigen körperlichen Merkmalen versehen, erkennen Sie viel leichter, was für ein Miesmacher er eigentlich ist.

1. Nehmen Sie einen Stift zur Hand und ergänzen Sie das Gesicht auf der übernächsten Seite. Zeichnen Sie, so gut Sie können, die charakteristischen Merkmale eines Menschen, der meint, er selbst habe – im Gegensatz zu Ihnen – immer recht, der Sie ständig kritisiert und nur Ihre Fehler und Unzulänglichkeiten sieht.
   - Wie würden seine Augen aussehen?
   - Welchen Gesichtsausdruck hätte dieser Mensch?
   - Welche Frisur hätte er?

Schreiben Sie in die Sprechblase, was der Kritiker sagt. Im Kasten notieren Sie eine Erwiderung, mit der Sie diesen Tyrannen zur Schnecke machen.

2. Sehen Sie sich Ihre Zeichnung an und stellen Sie sich die folgenden drei Fragen:

- Will dieser Kritiker eigentlich an meinen
  Erfolg glauben? Ja / Nein

- Will dieser Kritiker mich dazu ermutigen,
  es zu versuchen? Ja / Nein

- Will der Kritiker meine Entscheidung
  unterstützen, mein Ziel zu verfolgen? Ja / Nein

3. Jedes Mal, wenn Sie die Stimme des Zweifels hören, können Sie nun an das missmutige Gesicht Ihres inneren Kritikers denken und zu sich selbst sagen: »Ich werde nicht auf diesen Teil von mir hören, der nicht einmal will, dass ich *versuche*, erfolgreich zu sein.«

Geben Sie Kontra

10 Ja, aber ich habe keine Zeit

Ideen haben ein Verfallsdatum. Aber wir denken, wir könnten sie bis zu einem späteren Zeitpunkt sicher in einer Schublade aufbewahren. Doch wenn dieser »spätere Zeitpunkt« kommt, falls es überhaupt jemals der Fall ist, finden wir nur eine leere Schublade vor. Die Idee, von der wir dachten, sie würde auf uns warten, hat sich vor langer Zeit in Luft aufgelöst. Eine Idee ist wie ein schwelendes Feuer. Facht man es an, wird es glühend heiß. Lässt man es nur weiter vor sich hinglimmen, erlöscht es nach einer Weile. »Moment mal«, werfen Sie jetzt wahrscheinlich ein. »Was ist mit den Leuten, die einen Lebenstraum haben, wie etwa die Welt zu umsegeln oder eine Oper zu komponieren, und ihren Traum erst im Alter von 90 Jahren verwirklichen?« Erstens haben diese Leute nie aufgehört, ihr Feuer in Gang zu halten. Sie haben recherchiert, geplant und sich die nötigen Fähigkeiten angeeignet. Und zweitens: Hätten sie die Umsetzung ihres Traums schneller vorangetrieben, hätten sie mehr als ein Mal um die Welt segeln und ein Dutzend Opern komponieren können. Solche Leute inspirieren uns zwar, sind aber nicht unbedingt unsere besten Vorbilder.

Nur selten überschneidet sich eine günstige Konstellation von Sternen und Planeten mit unserer freien Zeit. Es gibt immer einen Grund, warum das Timing im nächsten Jahr oder nächsten Jahrzehnt uns besser erscheint. Falls Sie ein paar absolut triftige Gründe haben, Ihr Vorhaben aufzuschieben, sollten Sie zumindest einen Starttermin in Stein meißeln und Ihr Feuer bis dahin in Gang halten.

Die Tage und Monate vergehen so schnell, dass wir manchmal das Gefühl haben, als stünden wir auf einem Bürgersteig, der sich mit großer Geschwindigkeit vorwärtsbewegt. Und unsere Zeit läuft im wahrsten Sinne des Wortes ab. Im Internet gibt es eine sogenannte Todesuhr, mit der man das Datum schätzen lassen kann, an dem man vom Hotel Erde auschecken wird. Dann beginnt die Uhr rückwärts die Sekunden zu zählen, die man bis zur Abreise noch hat. Nichts versetzt uns mehr in Panik und veranlasst uns stärker dazu, die Liste mit den hundert Dingen in Angriff zu nehmen, die wir vor unserem Tod tun möchten, als die Sekunden unseres Lebens vor unseren Augen verrinnen zu sehen.

Niemand kann es sich leisten, sein Leben auf später zu verschieben, doch das ist nicht der einzige Grund, bereits heute mit der Verwirklichung unserer Ziele zu beginnen. Ideen verblassen nämlich, wenn man sie nicht aktiv am Leben erhält. So wie die Hitze beim erlöschenden Feuer allmählich nachlässt, so verliert eine Idee nach und nach an Kraft. Vor Äonen litten meine Schwester und ich gleichzeitig an Liebeskummer, nachdem unsere Freunde mit uns Schluss gemacht hatten. Um uns zu trösten, begannen wir gemeinsam ein lustiges Buch darüber zu schreiben, wie man eine Trennung überlebt. Wir legten einen großartigen Start hin und hatten einen Lachkrampf nach dem anderen, während wir Seite um Seite verfassten, wie man sich von blöden Kerlen erholt. Und dann machte uns das Leben einen Strich durch die Rechnung. Wir erhielten überraschend einige größere Aufträge, sodass wir unser Buchprojekt von unserer Liste strichen. Jahre vergingen, bis sich unser Terminplan wieder entzerrte, doch an diesem Punkt unseres Lebens wollten wir unsere Energie in etwas Frisches und Neues stecken und kein verstaubtes Projekt aus der Schublade hervorkramen.

Es fällt uns schwer, wieder an ein altes Projekt anzuknüpfen, weil wir uns mit der Zeit verändern, eine Idee aber, die wir geistig abgelegt haben, sich nicht weiterentwickelt. Meine Schwester und ich hatten unseren Liebeskummer überwunden, unser Leben war weitergegangen und nun wollten wir nicht zur Vergangenheit zurückkehren. Im Laufe der Zeit hatten wir unsere Geschichte im Geiste sogar neu geschrieben, sodass wir Jahre später davon überzeugt waren, *wir* hätten mit den Kerlen Schluss gemacht. Hätten wir damals an dem Buch weitergearbeitet, dann hätten wir den bittersüßen Heilungsprozess dokumentiert. Das Buch wäre mit uns gewachsen. Doch so hatten wir viele Jahre danach, als wir die alten Manuskriptseiten abstaubten, keinen Bezug mehr dazu.

Unsere täglichen Erfahrungen und Gedanken verleihen einer Idee ihre Gestalt

Ohne unsere fortwährende Aufmerksamkeit verliert eine Idee ihre Gestalt wie eine Pflanze, die verkümmert, wenn man sie nicht gießt. Aber im Moment sind Sie einfach zu beschäftigt, um über Ihr Projekt nachzudenken, stimmt's? Was sollen Sie auch tun, der Tag hat schließlich nur 24 Stunden. Sie sind so eingespannt, dass Sie nicht einmal die Zeit finden, zwischendurch in Ruhe Ihr Eiersalat-Sandwich zu essen. Wie sollen Sie da noch Ihre Idee ausarbeiten? So sieht vielleicht Ihre Wirklichkeit aus, aber es liegt an Ihnen, das zu verändern.

Wenn uns etwas wichtig genug ist, finden wir auch die Zeit dafür, so viel ist sicher. Wenn wir uns für unseren Job weiterqualifizieren müssen, schaffen wir es irgendwie, Abendkurse zu besuchen und die erforderlichen Prüfungen abzulegen. Und wenn wir der Überzeugung sind, unser Kind sei der nächste Yo-Yo Ma, finden wir die Zeit, es zu endlosen Cellostunden und Musikwettbewerben zu fahren.

Jede Minute des Tages entscheiden wir uns, wie wir unsere Zeit verbringen. An dieser Stelle daher die Frage, die über Leben oder Tod Ihrer Idee entscheiden wird: Möchten Sie gerne Zeit für Ihr Projekt finden? Antworten Sie nur mit »Ja« oder

»Nein«. »Nicht jetzt« bedeutet »Nein«. »Nächstes Jahr werde ich es tun« bedeutet »Nein«.

Menschen mit dem Dranbleib-Faktor wissen, dass es heißt: jetzt oder nie. Entweder widmet man sich seinem Projekt oder man verabschiedet sich davon. Die Chancen, das Vorhaben später noch einmal aufzugreifen, stehen schlecht, weil immer neue Projekte dazwischenkommen. So wie alles andere werden auch Ideen älter und eine alte Idee ist wie ein alter Schwarm. Wenn man ihm nach Jahren wieder begegnet, kann man sich nicht mehr so richtig daran erinnern, warum man sich damals so Hals über Kopf in ihn verknallt hat. Man weiß nicht mehr, warum die Funken flogen und welche Vision von der Zukunft man damals im Kopf hatte.

Häufig verfolgen Menschen eine Idee nicht weiter, weil es ihnen zu lange dauert, das Ziel zu erreichen. Das beste Argument gegen diese Bedenken hörte ich einmal in einem kleinen, überfüllten Bistro in Brüssel, wo ich die berühmten Pommes Frites aß und zufällig das Gespräch zwischen einer Tochter und ihrer bereits relativ betagten Mutter mitbekam. Sie unterhielten sich darüber, ob die Tochter Pharmazie studieren sollte.

»Apothekerin ist ein guter Beruf«, sagte ihre Mutter. »Es würde dir großen Spaß machen. Und du bist doch so unglücklich in deinem Job als Krankenschwester.«

»Aber *Maman*«, erwiderte die Tochter, »das ist doch eine verrückte Idee. Bist du dir im Klaren darüber, dass ich vier Jahre lang studieren müsste? Ich wäre 42, wenn ich meinen Abschluss mache.«

»Aber *ma chérie*«, sagte die Mutter, »in vier Jahren wirst du so oder so 42 sein, ob du Apothekerin wirst oder nicht. Wäre es nicht besser, 42 und Apothekerin zu sein als 42 und immer noch unglücklich?«

»Sie hat recht«, platzte es aus mir heraus. Die Mutter sah zu mir herüber und strahlte mich an. Wir freundeten uns auf der Stelle an, und ihre Tochter entschied sich, Pharmazie zu studieren.

Die Zeit vergeht, egal was wir damit anfangen. Daher können wir sie auch genauso gut nutzen, um unsere Wünsche zu verwirklichen.

TIPPS FÜR DAS SELBST

Fatalisten werden Ihnen sagen: »Es soll wohl einfach nicht sein«, wenn Sie eine Idee, die Sie auf Eis gelegt haben, nicht wieder aufgreifen. Doch das ist bloß eine Beschwichtigung, damit Sie sich besser fühlen. Es gibt keinen Grund zu denken, es hätte sich nicht gelohnt, Ihre inspirierende Idee zu verwirklichen. Sie haben Ihr Projekt vielleicht nicht umgesetzt, weil Sie abgelenkt waren oder sich persönlich weiterentwickelt und im Laufe der Zeit vielleicht eine andere Einstellung zu Ihrem Vorhaben bekommen haben. Möglicherweise haben Sie sich dagegen entschieden, das Projekt zu verwirklichen, aber Sie können nicht sicher wissen, ob es nicht doch ein lohnender Weg für Sie gewesen wäre.

Überlegen Sie, wozu Sie »Ja« oder »Nein« sagen

Es gibt Hunderte von Büchern und Kursen zum Zeitmanagement. Ich selbst habe sehr viel darüber gelesen und an mehr als einem Dutzend Seminaren zu diesem Thema teilgenommen. Dabei ist mir noch keine Lösung untergekommen, die für alle geeignet wäre. Einigen meiner Klienten gelang es wunderbar, den Tag in verschiedene Blöcke von je 10 bis 15 Minuten einzuteilen. Der Informatikerin Iris gelang es zum Beispiel, einen Roman an fünf Tagen pro Woche während ihrer Mittagspause zu schreiben. Sie konnte von einem Moment auf den anderen von der Arbeit auf ihren Roman umschalten. Ich beneidete sie um ihre Fähigkeit, so mühelos hin- und herzuspringen. Eine andere Klientin, die gerne an einem Marathonlauf teilnehmen wollte, setzte meinen Vorschlag um, morgens um 4.15 Uhr aufzustehen und bis 7 Uhr zu trainieren. Zu dieser Zeit musste sie ihre Kinder wecken und in die Arbeit fahren. Sie machte das zwei Jahre lang und lief dann erfolgreich beim Bostoner Marathon mit. Ich selbst hätte diesen Zeitplan nicht einmal eine Woche lang durchgehalten.

Ich habe jede Zeitmanagement-Strategie ausprobiert, die ich meinen Klienten empfehle. Aufgaben an andere delegieren, später zu Bett gehen, früher aufstehen, Erledigungslisten für den Tag, die Woche und den Monat anfertigen, einen Wecker stellen, all diese Taktiken sind großartig, sofern sie bei Ihnen funktionieren, bei mir tun sie es nicht. Die einzige Methode, die ich effektiv finde, besteht darin, die folgenden beiden Fragen zu stellen: »Wozu sage ich ›Ja‹? Wozu sage ich ›Nein‹?«

Diese Fragen befreien uns aus dem Hamsterrad und veranlassen uns, darüber nachzudenken, wie wir unsere begrenzte Zeit sinnvoll nutzen. Was verleiht Ihnen ein positives Gefühl gegenüber sich selbst und Ihrem Tag? »Ja« zum Mittagessen mit einem Kollegen zu sagen, der wahrscheinlich nur über die Katastrophen bei seiner Hausrenovierung jammert, bedeutet ein »Nein« für eine Stunde Arbeit an Ihrem Projekt. »Ja« zu sagen, um einen Artikel fertig zu schreiben, bedeutet »Nein« dazu zu sagen, alle fünf Minuten Ihre E-Mails abzurufen und darauf zu antworten. »Nein« zu sagen, wenn Sie überlegen, ob Sie im Internet nach billigen Hotels in Rom suchen sollen, für den Fall, dass Sie einmal dort hinfahren wollen, bedeutet ein »Ja« für die Fertigstellung Ihrer Steuererklärung.

Wenn Sie davon überzeugt sind, dass Ihr Projekt sich für Sie lohnt, sollten Sie den »Mikro-Schritte-Plan« am Ende dieses Kapitels nutzen. Damit können Sie herausfinden, was Sie tun müssen, um Ihre Idee umzusetzen. Schieben Sie Ihren inneren Idealisten einmal beiseite und integrieren Sie die erforderlichen Aktivitäten auf eine realistische Weise in Ihren Tag oder in Ihre Woche. Wenn Sie wirklich kein Morgenmensch sind, werden Sie, sobald Ihr Wecker morgens um fünf Uhr klingelt, wahrscheinlich immer wieder die Schlummertaste drücken. Um sieben Uhr wälzen Sie sich schließlich mit Kopfschmerzen aus dem Bett, weil Sie während der letzten zwei Stunden alle zehn Minuten unsanft aus dem Schlaf gerissen wurden. Außerdem sind Sie wütend auf sich selbst, weil Sie es wieder nicht geschafft haben, rechtzeitig aufzustehen. Sagen Sie »Ja« zum Schlaf und »Nein« dazu, sich mit aller Gewalt aus dem Bett zu jagen. Arbeiten Sie stattdessen jeden Morgen um zehn Uhr eine halbe Stunde lang an Ihrem Projekt oder nehmen Sie sich drei Mal pro Woche in der Mittagspause dafür Zeit. Sie können auch bestimmte, unverrückbare Zeiten am Wochenende dafür festlegen.

Für Menschen, die wenig Zeit haben, ist es sehr wichtig, genaue Zeiten für ihr Projekt festzuhalten, anstatt auf Lücken im Terminplan zu warten, die auf irgendeine wundersame Weise entstehen sollen. Es gibt keine Lücken im Terminplan. Immer wenn wir denken, wir hätten ein offenes Zeitfenster, kommt schon eine neue Aufgabe daher, die es füllt. Und kaum hat man diese erledigt, taucht bereits die nächste auf. Aber wenn wir unser Projekt wie eine Reihe von Zahnarztterminen in unser Leben integrieren, machen wir mehr Fortschritte, als wir uns zunächst vorstellen können.

Bleiben Sie nicht in der Warteposition

In der Regel neigen wir dazu, unsere eigenen Pläne und Ziele zurückzustellen und uns zunächst um die Bedürfnisse anderer Menschen zu kümmern. Es ist so, als würden wir uns selbst ein Standby-Ticket ausstellen und dafür sorgen, dass zuerst alle anderen an Bord des Flugzeugs gehen und ihr Ziel erreichen.

Viele von uns möchten gerne glauben, dass dies auf unsere große Selbstlosigkeit zurückzuführen ist. Und wer würde schon etwas anderes behaupten, wenn wir versuchen, die Bedürfnisse und Wünsche unserer Familie und Freunde sowie die Anforderungen unseres Jobs unter einen Hut zu bringen? Aber unsere Geschichte hört sich oft ganz anders an, wenn wir nach einem oder zwei Tequilas darüber sprechen, welche Opfer wir bringen. Es ist viel leichter und weniger riskant, das Leben anderer zu planen, als das eigene konsequent in die Hand zu nehmen.

Es ist sicherlich erfüllend, anderen Menschen in unserem Umfeld dabei zu helfen, ihre Ziele zu erreichen. Doch wenn wir selbst dabei auf der Stelle treten, gibt es bei diesem Szenario ein kleines Problem. Wir lassen zu, dass ebenso wichtigen Menschen die Zeit davonläuft, Menschen, die unsere Hilfe genauso benötigen würden – uns selbst nämlich. Und im Laufe der Jahre verwandelt sich das Gefühl der Großzügigkeit in einen gewissen Groll.

Außerdem muss es keineswegs zu Lasten anderer gehen, wenn Sie Ihre Interessen verfolgen. Im Gegenteil: Auf die Leute in Ihrem Umfeld kann sich das durchaus wohltuend auswirken.

TIPPS FÜR DAS SELBST

Sagen Sie den Leuten nicht, Sie hätten Ihr Ziel nicht verwirklicht, weil die anderen Ihre Zeit so stark beansprucht haben. Niemand möchte schuld an Ihrem Frust sein. Statt einer Entschuldigung oder irgendeine Form von Anteilnahme zu bekommen, werden Sie sich einen Vortrag darüber anhören müssen, wie Sie Ihr Leben besser geplant hätten. Außerdem wird man Ihnen Geschichten von Bekannten erzählen, die ähnlich stressige Terminpläne haben und ihre Ziele trotzdem erreichen. Man wird Sie an die Bestsellerautorin P.D. James erinnern, die anfing ihre Kriminalromane zu schreiben, als sie noch ganztags arbeitete und sich darüber hinaus um ihre Kinder und ihren kranken Mann kümmerte. Außerdem wird man Ihnen Sätze an den Kopf knallen wie: »Keiner hat dich darum gebeten, ein Märtyrer zu sein.« Und Sie selbst streuen noch mehr Salz in Ihre Wunden, wenn Sie sich eingestehen müssen, dass die anderen recht haben.

Menschen mit dem Dranbleib-Faktor wissen, dass man zu manchen täglichen Aufgaben oder auf manche Bitten »Nein, jetzt nicht!« sagen muss, damit man »Ja« zum eigenen Projekt sagen kann. Jeden Tag kommen Forderungen und Bitten wie immer wiederkehrende Meereswellen auf uns zu, daher müssen wir selbst darauf achten, gelegentlich aus dem Wasser herauszugehen.

Ihr Leben setzt sich aus den Minuten und Stunden jedes Tages zusammen. Ihr Leben und Ihre Zeit sind ein und dasselbe. Achten Sie daher auf Ihre Zeit und überlegen Sie gut, auf welche Weise Sie sie verbringen. Wenn Sie eine Idee umsetzen möchten, sollten Sie ihr jetzt die erforderliche Zeit widmen, weil ein erfülltes Leben aus Momenten besteht, die Ihnen etwas bedeuten.

Kernpunkte

- Der Zeitpunkt ist nie ideal, nur können Sie sich den Luxus nicht leisten, Ihr Vorhaben zu verschieben, weil Ideen verblassen, wenn man sie zu lange nicht beachtet.
- Wenn Sie sich im Moment nicht um einen wichtigen Aspekt Ihres Projekts kümmern können, sollten Sie ein fixes Da-

tum bestimmen, ab dem Sie sich dafür Zeit nehmen. In der Zwischenzeit sollten Sie bestimmte Elemente Ihres Plans weiterentwickeln.

- Planen Sie Zeit für Ihr Projekt ein, so wie Sie es mit einer Reihe von Zahnarztterminen machen würden, die Sie nicht verpassen dürfen.
- Falls Sie meinen, kein bisschen Zeit übrig zu haben, sollten Sie sich Folgendes bewusst machen: Was Sie in jedem Moment tun, hängt stets von Ihrer persönlichen Entscheidung ab. Machen Sie eine Bestandsaufnahme, wozu Sie im Laufe des Tages »Ja« und wozu Sie »Nein« sagen.

 **Übung**

Der Mikro-Schritte-Plan: Weniger ist mehr

Warum Mikro-Schritte?
Auf S. 130 finden Sie eine Vorlage für einen Mikro-Schritte-Plan (MSP). Er ist eins der besten Instrumente zur Umsetzung der eigenen Ziele. Der MSP funktioniert deshalb so gut, weil es nicht darum geht, was wir innerhalb einer bestimmten Zeit erreichen *sollten*, sondern darum, was wir angesichts unserer begrenzten Zeit realistisch von uns selbst erwarten können.

Je geringer unsere Erwartungen sind, desto mehr werden wir schaffen. Wenn unsere Aufgabe aus einer sehr kleinen Einheit besteht und genau definiert ist, werden wir sie mit großer Wahrscheinlichkeit bewältigen und zum nächsten Schritt übergehen. Je größer und je weniger abgesteckt die Aufgabe ist, desto unwahrscheinlicher ist es, dass wir die nötige Zeit, Energie und Begeisterung dafür aufbringen.

Ein Plan, der nicht in kleine Mikro-Aktivitäten unterteilt ist, lässt sich mit einem Bausatz für ein Baumhaus vergleichen, der ohne Montageanleitung geliefert wurde. Man hat das Ergebnis zwar bereits im Kopf, weiß aber nicht, welche Teile an welche Stelle gehören und wie man sie befestigen muss. Folglich fühlt man sich von dem Projekt, das einem anfangs so machbar erschien, heillos überfordert.

Fangen Sie mit kleinen Schritten an – sehr kleinen
Viele Menschen machen beim Erstellen von Plänen einen gravierenden Fehler: Sie nehmen sich viel zu viel auf einmal vor. Sie unterteilen ihr Vorhaben nur in wenige Schritte, ohne an die vielen erforderlichen Mikro-Schritte zu denken, um von einem Meilenstein zum nächsten zu gelangen. Ihr Plan springt möglicherweise ohne irgendeinen Zwischenschritt von der Aufgabe, alle Texte für die eigene Internetseite zu verfassen, zu der Aufgabe, 40 potenzielle Kunden zu kontaktieren. Das ist kein funktionierender Plan, sondern eine zu stark vereinfachte, demotivierende Straßenkarte, die einen in den meisten Fällen nirgendwohin führt.

Bei einem guten Plan ist jede größere Aufgabe in viele kleine Komponenten unterteilt. Greifen Sie sich jeweils einen Meilenstein heraus und gehen Sie dann die einzelnen Aktivitäten durch, die nötig sind, um den Meilenstein zu erreichen.

Nehmen wir an, mein Meilenstein bestünde darin, 40 potenzielle Kunden zu kontaktieren. Also frage ich mich:»Was muss ich tun, um 40 potenzielle Kunden erfolgreich anzusprechen?«

Mikro-Schritt 1: Ich sollte eine Internetrecherche durchführen, um eine Liste mit 40 Kontaktpersonen, inklusive E-Mail-Adressen und Telefonnummern, zusammenzustellen.

Mikro-Schritt 2: Ich sollte ein Anschreiben für die Leute verfassen, die ich per E-Mail ansprechen möchte. Für diejenigen, die ich anrufen will, sollte ich mir in Stichpunkten eine Nachricht notieren, die ich ihnen auf den Anrufbeantworter sprechen kann, falls ich sie nicht persönlich erreiche.

Mikro-Schritt 3: Ich sollte eine bestimmte Zeit festlegen, zu der ich die E-Mails verschicke und die Telefonate durchführe.

Mikro-Schritt 4: Ich sollte ein zweites Anschreiben verfassen, das ich an die Kontaktpersonen schicke, die auf meine erste E-Mail nicht antworten.

Seien Sie realistisch – sehr realistisch

Ein funktionierender Plan berücksichtigt, dass für jeden noch so kleinen Mikro-Schritt Zeit und Aufmerksamkeit erforderlich sind. Der MSP geht daher über die gängigen Planungsinstrumente hinaus und fordert Sie auf, realistisch abzuschätzen, wie lange Sie für eine Aufgabe brauchen. Außerdem setzen Sie einen Zeitpunkt fest (mit Datum und Uhrzeit), zu dem Sie die Aufgabe voraussichtlich erledigen können. Auf diese Weise vereinbaren Sie einen Termin mit Ihrem Projekt, so wie Sie es auch mit Ihrem Chiropraktiker tun würden.

Wenn Sie sich vornehmen, »irgendwann« in der nächsten Woche oder im nächsten Monat zum Arzt zu gehen, werden Sie es wahrscheinlich trotz guter Absichten nicht tun. In einem hektischen Leben ist der Begriff »irgendwann« ein Euphemismus für »nie«. Aber wenn Sie einen Termin festlegen, treffen Sie eine Abmachung mit sich selbst. Entweder halten Sie sich an den Termin oder Sie verschieben ihn – falls nötig. Die dritte Möglichkeit ist, sich Ihren Tagesplaner anzusehen und Ihren Termin zu ignorieren, sobald er Ihnen ins Auge springt. Doch das ist etwas ganz anderes, als ihn während einer hektischen Woche einfach zu vergessen. Wenn Sie ihn ignorieren, entscheiden Sie sich bewusst, eine mit sich selbst getroffene Vereinbarung nicht einzuhalten. Sie sind gezwungen, sich zu überlegen, welcher wichtigeren Aktivität Sie sich stattdessen widmen werden. Wenn Sie etwas vergessen, treffen Sie keine bewusste Entscheidung; es ist reine Gedankenlosigkeit.

In einem Plan ist kein Platz für Optimismus. Sie sollten extrem pragmatisch vorgehen, um einen effektiven Zeitplan zu entwerfen. Die Ja/Nein-Spalte im MSP berücksichtigt, dass Sie vielen Anforderungen gerecht werden müssen, und fordert Sie auf, im Voraus festzulegen, zu welchen Ablenkungen Sie »Nein« sagen und welche Sie zulassen werden. Mithilfe solch wohlüberlegter Entscheidungen, wie Sie Ihre Zeit nutzen wollen, behalten Sie die Kontrolle über Ihren Terminplan.

Beim Meilenstein »Texte für die Internetseite verfassen« könnte Ihr MSP folgendermaßen aussehen:

Meilenstein: Texte für eine Internetseite verfassen

Mikro-Schritte	Zeitaufwand	Datum und Uhrzeit
Was muss ich tun, um meinen Meilenstein zu erreichen, und warum muss ich diese Schritte tun?	Planen Sie etwas zu viel Zeit für die Erledigung der Aufgabe ein.	Wann kann ich mich dem Projekt widmen? Seien Sie realistisch und legen Sie nicht nur einen Tag fest, sondern auch eine genaue Zeit.
1. Zehn Internetseiten der Konkurrenz ansehen, um zu erfahren, welche Informationen sie bieten, welches Alleinstellungsmerkmal sie betonen usw.	3,5–5 Stunden	Mo., 8. Feb. 12–13 Uhr Mi., 10. Feb. 8–9 Uhr Fr., 12. Feb. 14–15.30 Uhr
2. Überschriften und Schlüsselbotschaften für jeden Bereich überlegen. Was sollen die Besucher auf den einzelnen Seiten erfahren?	1,5 Stunden	Mo., 15. Feb. 8–8.30 Uhr Mi., 17. Feb. 8–9.30 Uhr
3. Text für den Bereich »Über uns« verfassen (circa 200 Wörter)	1,5 Stunden	Do., 18. Feb. 8–9.30 Uhr

Ja/Nein	Erledigt
Wozu werde ich in der festgelegten Zeit »Nein« sagen? Welche Unterbrechungen werde ich zulassen?	Haken Sie alles ab, was Sie erledigt haben, um die Umsetzung sichtbar zu machen.

Mittagessen am Schreibtisch. Ja zu einem Telefonat nach Hause. Nein zu E-Mails.	✓
Einen Kaffee am Schreibtisch trinken. Nein zu E-Mails. Ja zu Anrufen von der Buchhaltung.	✓
Früh im Büro ankommen. Nein zu E-Mails.	✓
Einen Kaffee am Schreibtisch trinken. Um 8.30 Uhr 5 Minuten Zeit einplanen, um zu schauen, welche E-Mails eingegangen sind.	✓
E-Mails um 9 Uhr lesen. Keine Anrufe entgegennehmen.	✗ Neuer Termin Fr., 19. Feb. 12–13.30 Uhr

Ein MSP nach dem anderen

Wir gefährden jedes Projekt, wenn wir am Fuße unseres persönlichen Everests stehen und uns fragen, wie wir jemals hinaufkommen sollen. Die Lösung finden wir mithilfe der Tipps von Langstreckenläufern und Radfahrern, die nicht an die Ziellinie denken, sondern nur daran, wie sie den nächsten Meilenstein erreichen.

Bekämen wir am ersten Tag eines Universitätsstudiums bereits alle Bücher ausgehändigt, die wir in den nächsten vier Jahren lesen sollen, und darüber hinaus eine Liste aller Seminararbeiten sowie eine Aufstellung über den Prüfungsstoff, würden wir eine Panikattacke erleiden und noch vor der nächsten Kaffeepause das Studium abbrechen. Ähnlich verzweifelt wären wir, wenn jemand die gesamte Wäsche, die in unserem Haushalt im Laufe von drei Jahren anfällt, vor unseren Füßen abladen und auf die Waschmaschine zeigen würde.

Ein Projekt überfordert uns nicht mehr als viele andere Dinge, die wir in unserem Leben erfolgreich bewältigen. Der Trick besteht darin, es auf die gleiche Weise anzugehen, wie die meisten täglichen Aktivitäten: Wir überlegen uns, was hier und jetzt getan werden muss, und dann tun wir es. Erstellen Sie jeweils nur den Mikro-Schritte-Plan für den nächsten Meilenstein. Erst wenn dieser erreicht ist, sollten Sie den nächsten MSP aufstellen. Das ist der einzige Weg, um den Gipfel eines Berges zu erreichen.

11 Ja, aber mir fehlt die Energie

Martha ist nach eigenem Bekunden eine ziemlich faule Socke, die es aber nichtsdestotrotz geschafft hat, ihr Ziel zu verwirklichen. Jeder, der etwas erreichen möchte, sollte sich ein Poster von Martha an die Wand hängen, auf dem sie wie immer matt auf der Couch abhängt. Etwas Besseres kann man für die eigene Motivation nicht tun.

Martha hat es geschafft, ihren Ganztagsjob in einer Marketingabteilung zu kündigen und sich als Internetberaterin selbstständig zu machen, und das, obwohl ihre Energie in der Regel sehr schnell erschöpft ist. Und wenn *ihr* das gelungen ist, dann sollte sich jeder mit einem tastbaren Puls davon inspirieren lassen, sein Projekt in Angriff zu nehmen.

Als ich Martha zum ersten Mal traf, dachte ich das Gleiche, was Sie jetzt vielleicht vermuten. Bestimmt hat sie keinen chaotischen Haushalt am Hals, keine Mutter, die sich sofort vernachlässigt fühlt, wenn man sie nicht zwei Mal täglich anruft, und keinen Chef, der nichts anderes im Sinn hat, als seine Arbeit auf andere abzuwälzen. Da ist es natürlich leicht für sie, entspannt ihr Ziel anzusteuern. Aber Martha ist eine Schutzpatronin für antriebsschwache Menschen, eben weil sie ähnliche Belastungen schultern musste.

Marthas Erfolg kommt manchen, die zu erschöpft sind, um ihr Ziel zu verfolgen, vielleicht wie ein kleines Wunder vor. Aber sie hat ihren Plan nicht mithilfe von Glück oder Magie umgesetzt. Diese Frau mit den schweren Augenlidern, die noch nie einem Sofa widerstehen konnte, leitete die Veränderung ein, indem sie einen Kraftstoff nutzte, der auch denen zur Verfügung steht, die nicht an ihren Ideen dranbleiben. Martha war tief in den Brunnen der Frustration eingetaucht. Ihre große Unzufriedenheit mit ihrer Arbeit verlieh ihr gerade genug Energie, um einige Hebel in Bewegung zu setzen, wenn auch in Zeitlupe.

Martha arbeitete nicht gerne für ihr Unternehmen und wenn sie in die Zukunft blickte, sah sie, dass sich dort nichts verändern würde. Das motivierte sie, abends nach der Arbeit E-Learning-Kurse zum Thema Webdesign zu belegen. Sie hatte noch nie viel für Hausarbeit übriggehabt, daher sah es in der Übergangszeit, als sie sich ihre neuen Fähigkeiten aneignete, bei ihr zu Hause noch chaotischer aus als sonst, aber alle, inklusive ihrer Fische, überlebten es.

Fünf Jahre später sieht es in Marthas Haushalt nicht entscheidend besser aus und sie würde ein Nickerchen nach wie vor der Arbeit vorziehen. Aber jetzt kann sie sich ihre Zeit frei einteilen und genießt die Tatsache, dass sie die Möglichkeit hat, auch im Schlafanzug zu arbeiten.

Marthas Beispiel zeigt, dass man kein Energiebündel sein muss, um dranzubleiben. Erzählt man ihr etwa, dass man es am Morgen im Fitnessstudio lediglich geschafft hat, ein belegtes Sandwich an der Fruchtsaftbar zu kaufen, wird sie einem antworten, dass jemand, der zum Fitnessstudio fährt, dort einen Parkplatz findet, sich voller Entschlossenheit für ein Sandwich entscheidet und damit wieder losfährt – es locker mit der ganzen Welt aufnehmen kann.

Ich habe Dutzende von antriebsarmen Menschen interviewt, denen es trotzdem gelingt, Projekte zu Ende zu führen. Spritzen diese Leute sich Koffein, nehmen sie Amphetamine oder atmen sie zwischendurch immer wieder reinen Sauerstoff? Keineswegs! Sie sind vielmehr überzeugt von der Devise: Langsam, aber beständig zum Ziel. Anregend finden sie die Fabel von der Schildkröte, der es gelang, bei einem Wettlauf den Hasen auszustechen. Der superschnelle Hase rennt weit voraus und ist sich seines Sieges so gewiss, dass er sich unterwegs zu einem Nickerchen hinlegt. Er wacht erst auf, als die Schildkröte das Ziel passiert.

Die Psychotherapeutin Mira Kirshenbaum zeigt, dass der persönliche Antrieb nur zu 30 Prozent auf körperliche Energie und zu 70 Prozent auf emotionale Energie zurückzuführen ist. Wenn wir uns ausgelaugt fühlen, so Kirshenbaum, liegt es nicht etwa daran, dass wir mit einem zu kleinen Kraftstofftank geboren wurden, sondern daran, dass uns das Leben aus unterschiedlichen Gründen – wie einer Scheidung, einem überbordenden Terminplan oder Schuldgefühlen – ein Leck in unseren Tank gerissen hat. Im Idealfall versuchen wir das Leck zu flicken, aber was tun wir in der Zwischenzeit, um an unserem Projekt dranzubleiben? Menschen mit dem Dranbleib-Faktor nehmen sich kleine Schritte vor – sehr, sehr kleine Schritte.

Der chinesische Philosoph Laotse hat es auf den Punkt gebracht, als er sagte:»Auch die längste Reise beginnt mit dem ersten Schritt.« Und er fügte hinzu:»Es ist nicht von Bedeutung, wie langsam du gehst, solange du nicht stehen bleibst.« In den letzten 2000 Jahren findet sich diese Vorstellung immer wieder – von den antiken Philosophen bis zu den Motivationstrainern von heute. Durch die Zeitalter hindurch hat man die Botschaft von den Gipfeln der Berge heruntergerufen:»Wenn du nicht viel Energie hast, mach jeden Tag einen kleinen Mikro-Schritt.« Zumindest war das die Kernaussage.

Vielleicht denken Sie ja, Sie wüssten es besser als all die Weisen, und sind davon überzeugt, dass eine klitzekleine Anstrengung zu gar nichts führt. Aber wissenschaftliche Fakten beweisen eindeutig das Gegenteil.

Newtons Gesetze sind zweifelsfrei bewiesen

Denken wir einmal an die Newton'schen Gesetze der Bewegung. Im Kern besagt sein Reaktionsprinzip:»Jede Aktion führt zu einer Reaktion.« Das heißt, wenn wir etwas tun – und sei es auch noch so etwas Geringfügiges –, wird etwas anderes passieren. Tun wir dagegen gar nichts, gilt Newtons Trägheitsprinzip. Demnach bleiben die Dinge ohne irgendeine einwirkende Kraft genau in dem Zustand, in dem sie waren: Entweder sie verharren im Stillstand oder sie bewegen sich mit der gleichen Geschwindigkeit und in die gleiche Richtung weiter wie zuvor.

Natürlich wäre es wünschenswert, mehr zu tun. Es ist befriedigender, an einem Tag oder auch in einer Woche zehn Dinge von einer Liste zu streichen, als in der gleichen Zeit nur einen Punkt abzuhaken. Aber für gestresste und erschöpfte Menschen ist es einfach nicht möglich, zehn zusätzliche Dinge innerhalb kurzer Zeit zu erledigen. Für sie ist ein kleines Häkchen mehr als genug.

Mike, der mittlerweile einen Importhandel für deutsche Lebensmittel betreibt, ist der beste Beweis dafür. Der alleinerziehende Vater arbeitete früher als Verkäufer in einem Elektrofachgeschäft. Am Ende seines Arbeitstages war er immer so müde, dass er mit letzter Kraft das Abendessen zubereitete, seine Söhne bei den Hausaufgaben betreute, sie zum Hockeytraining fuhr und sich anschließend um die Wäsche kümmerte. Er hatte die Idee, deutsche Lebensmittel nach Kanada zu importieren und über das Internet zu verkaufen. Auf diese Weise würde er von zu Hause aus arbeiten können. Doch wenn er abends endlich all seine täglichen Aufgaben erledigt hatte, war er zu erschlagen, um noch irgendetwas anderes zu tun, als sich vom Fernseher berieseln zu lassen. Häufig schlief er dabei auf dem Sofa ein.

Wir erarbeiteten gemeinsam einen Plan: Während Mike seine Sportsendung im Fernsehen sah, würde er mit seinem Laptop auf dem Schoß nach Internetseiten suchen, die nützliche Informationen für seinen Importhandel bereithielten – Händleradressen, Versandpreise, Vorschriften, Hinweise zur Etikettierung und so weiter. Wir vereinbarten, dass er die

Seiten nicht einmal lesen musste; er sollte sie nur überfliegen und sie, falls sie relevant für ihn waren, mit einem Lesezeichen versehen.

Etwas Interessantes geschah, während Mike seine Internetrecherchen durchführte. Er erlebte mitunter kurze Momente der Begeisterung, die ihm kleine, unerwartete Energieschübe verliehen. Schon bald blieb er in seiner Mittagspause öfters an seinem Schreibtisch im Büro, um ein paar Internetseiten durchzusehen, die er sich markiert hatte.

Circa vier Monate später blieb Mike nach der letzten Sportsendung im Fernsehen wach, um auf eine Etikettiermaschine zu bieten, die er bei eBay gesehen hatte. Nach fünf Monaten widmete er jede freie Mittagspause seiner Geschäftsidee, und die Sportsendungen am Abend liefen nur noch im Hintergrund, während er arbeitete. Nach 20 Monaten eröffnete Mike seinen Importhandel im Internet.

Eine Mikro-Aktion führt zur nächsten

Selbst die kleinste Aktion enthält eine Energie – Physiker bezeichnen sie als Kraft –, die eine andere Aktion beziehungsweise Reaktion hervorruft. Für Menschen, die Sport treiben, ist das nichts Neues. Als ich vor einer Weile regelmäßig frühmorgens ins Fitnessstudio ging, begegnete ich dort gleich gesinnten Menschen, die ebenfalls nicht begeistert waren, die Morgendämmerung zu begrüßen und lieber ausgeschlafen hätten. Wir alle begaben uns widerwillig auf die Laufbänder. Wir fühlten uns wie erschlagen und hundemüde oder, wie einer der Männer stets sagte, »wie tot«. Jeden Tag erklärten wir aufs Neue, dass wir uns nicht vorstellen konnten, länger als drei Minuten durchzuhalten. Aber dann joggten wir doch unsere 20 Minuten. Sobald wir losliefen, nahm unsere Energie auf wundersame Weise zu.

Menschen, die keinen hochwirksamen Kraftstoff in ihrem Tank haben, aber über den Dranbleib-Faktor verfügen, sprechen von zwei Wirkmächten, die sie wie zwei starke Hände an ihrem Rücken vorwärtsschieben:

1. Energie erzeugt Energie. Eine winzigkleine Aktion setzt nach einer Weile eine ungeahnte Kraft frei. So entwickelt sich eine Eigendynamik, die immer kraftvoller wird.

2. Bereits eine einminütige Visualisierungsübung kann unsere Batterien wieder aufladen. Sobald wir uns bildlich vorstellen, unser Ziel zu erreichen, stellt sich ein Gefühl ein, das einem Adrenalinschub gleicht.

Visualisierungsübungen wurden lange Zeit als Geheimnis des Erfolgs angepriesen. Stellt man sich bildlich vor, was man sich wünscht, arbeitet das Unterbewusstsein mit dem bewussten, planenden Geist zusammen, um Dinge zu verwirklichen.

Als ich Autofahren lernte, sagte mir mein Fahrlehrer, ich solle nicht mit meinen Händen, sondern mit meinen Augen lenken. »Schauen Sie dorthin, wohin Sie fahren wollen«, forderte er mich auf, »dann werden Ihre Hände das Lenkrad automatisch in diese Richtung bewegen.« Die Visualisierung basiert auf dem gleichen Prinzip. Definieren Sie genau, was Sie sich wünschen, sehen Sie es innerlich vor sich, glauben Sie daran, dass Sie es bereits erreicht haben, dann wird Ihr kreativer Geist Sie dazu inspirieren, aktiv zu werden und es umzusetzen. Diese viel erprobte Technik wird von zahlreichen Athleten sowie Menschen, die auf anderen Gebieten Höchstleistungen erbringen müssen, mit großem Erfolg angewendet.

Die Hälfte der Zeit reden wir uns selbst ein, müde und erschöpft zu sein. Stellen Sie sich einmal folgende Situation vor: Sie kommen in Ihr unaufgeräumtes Büro, sehen 95 neue E-Mails im Eingangsordner und sagen sich: »Oh je, ich bin so erledigt, ich kann bald nicht mehr.« Spüren Sie, wie matt und müde Sie sich fühlen, sehr sehr müde. Oder wie wäre es mit folgender Situation: Jedes Mal, wenn jemand Sie fragt, wie es Ihnen geht, erzählen Sie, wie kaputt Sie sind. Bis zum Abend werden Sie kaum noch genug Energie übrig haben, um sich die Zähne zu putzen. Meistens wehren wir negative Gedanken nicht entschlossen ab, daher können sie sich rasch und mühelos bei uns einnisten. Ein positiver Gedanke dagegen muss zunächst einen Ironman-Marathon absolvieren, bevor wir ihn zulassen. Trotzdem sollten Sie sich immer wieder sagen: »Ich fühle mich richtig gut.« Vielleicht fühlen Sie sich dann zwar nicht sofort wie das blühende Leben, aber zumindest wird es Ihnen viel besser gehen, als wenn Sie sich zehn Mal am Tag selbst vorjammern, wie erledigt Sie sind.

Wir sind so energiegeladen, wie wir es annehmen. Überdies werden unsere Gedanken leicht durch Dinge beeinflusst, die wir von anderen hören. Wenn wir die Nacht durchgemacht haben und Kollegen morgens finden, dass wir toll aussehen, verleiht uns das einen Energieschub. Fühlen wir uns selbst aber großartig und ein Kollege sagt beiläufig: »Sie sehen ziemlich urlaubsreif aus«, kann unser positiver Schwung von einem Moment auf den anderen dahin sein und wir fühlen uns plötzlich extrem überarbeitet. Mithilfe einer schlagfertigen Erwiderung können Sie sich Ihre Energie bewahren und Leute in ihre Schranken weisen, die Ihnen ständig sagen, wie blass, müde, erschöpft oder gestresst Sie aussehen. Entgegnen Sie einfach: »Keine Sorge, das trifft nicht nur auf mich zu. Die Beleuchtung hier drinnen ist für niemanden vorteilhaft.«

Viele Leute motivieren sich mit kleinen Belohnungen für jeden Mikroschritt. Wenn ein Schokoladeneis Sie motiviert, 30 Minuten harte Arbeit zu leisten, dann nur zu, legen Sie sich im Gefrierschrank einen Vorrat an Eiscreme an. Allerdings funktioniert diese Technik bei den meisten Menschen nach einiger Zeit nicht mehr.

Vermeiden Sie Diskussionen zwischen Erschöpfungsgefühlen und Ihrem Ehrgeiz

An irgendeinem Punkt werden Sie sich fragen müssen: »Möchte ich meine Idee verwirklichen?« Falls Sie mit »Ja« antworten, muss Ihre nächste Frage lauten: »Möchte ich die nötigen Schritte dazu angehen?« Falls Sie hier ebenfalls mit »Ja« antworten, ist die Diskussion beendet. Sie haben sich entschieden, und es gibt keinen Grund, sich immer wieder dieselbe Frage zu stellen. Wenn Sie sich zu etwas entschlossen haben, sollten Sie es vermeiden, sich ständig zu fragen, ob Sie *Lust* dazu haben.

Ein Wettkampfruderer namens Eric war einer von vielen Menschen, die mich beispielhaft lehrten, wie man seine Ziele konsequent verfolgt. Sieben Tage pro Woche ist Eric bereits in der Morgendämmerung auf dem See. Egal wann er am Abend vorher ins Bett gegangen ist, ob er Kopfschmerzen oder schmerzhafte Blasen an seinen Händen hat oder ob er ein paar Stunden später zu einer wichtigen geschäftlichen Besprechung muss – es sei denn, er hat Grippe. »Wenn ich mich jeden Morgen fragen würde, ob ich Lust habe aufzustehen und zum Rudern zu gehen, wäre ich wahrscheinlich nur zwei Mal pro Woche auf dem See«, erklärte Eric mir. »Aber ich habe mir diese Frage gestellt, *bevor* ich dem Ruderverein beigetreten bin. Ich habe darüber nachgedacht und mir damals eine Antwort darauf gegeben. Jetzt werde ich dieselbe Frage nicht noch tausend Mal wiederholen.«

Sobald Sie sich entschieden haben, einen Mikro-Schritte-Plan zu befolgen, sollten Sie sich nicht fragen, ob Sie die Energie haben, die Aufgaben des Tages zu erledigen oder nicht. Machen Sie einfach den nächsten Schritt, auch wenn Sie dabei die ganze Zeit gähnen. Es ist weniger anstrengend, die Dinge in Angriff zu nehmen, die man sich vorgenommen hat, als sich ständig zu fragen, ob man es tun sollte und durch das Zögern ein schlechtes Gewissen zu haben.

Kernpunkte

- Sie benötigen nicht viel Energie, um etwas umzusetzen, weil selbst die kleinste Aktion – wie die Wissenschaft zeigt – irgendeine Reaktion hervorruft, sodass eine Bewegung garantiert ist.
- Ein Mikro-Schritt nach dem anderen wird Sie an Ihr Ziel bringen und da die Umsetzung kein Wettrennen ist, kommt es nicht darauf an, wie lange Sie dafür brauchen.
- Der Trick, vorwärtszukommen, selbst wenn sich Ihre Beine sehr schwer anfühlen, besteht darin, das erwünschte Ergebnis zu visualisieren.
- Wenn Sie beschlossen haben, Ihr Ziel zu erreichen, sollten Sie sich nicht immer wieder fragen, ob Sie Lust auf die Aufgabe haben. Sie haben sich bereits auf eine Antwort festgelegt, als Sie sich dafür entschieden haben dranzubleiben.

Übung

Ein neuer persönlicher Kraftstoff - Steine werfen

Unzähligen Zeitschriften zufolge ist es gar nicht so schwer, den Energielevel anzuheben. Angeblich hängt es lediglich von den folgenden Faktoren ab: Besser essen, mehr schlafen, weniger Stress und ein tägliches Fitnessprogramm absolvieren. Was ist daran so schwer? Nichts, wenn man in ansprechender Umgebung im Wellnesszentrum residiert. Andernfalls könnten wir uns möglicherweise ein kleines bisschen zu erschöpft fühlen, um nach einem langen Tag im Büro noch locker einen Risotto mit Meeresfrüchten aus dem Handgelenk zu schütteln. Möglicherweise fühlen wir uns auch zu müde, um bereits bei Tagesanbruch aus dem Bett zu springen und eine Yogasitzung durchzuführen. Um Energie zu bekommen, muss man zunächst eine gewisse Energie aufbringen. Das ist das Problem dabei, schließlich haben viele von uns keinen Funken Energie übrig.

Zum Glück gibt es eine energieschonende Übung für die Couch. Sie heißt »Steine werfen« und basiert auf der einfachen Tatsache, dass angenehme Aufgaben und Begegnungen uns Energie und Lebensfreude schenken, unangenehme Situationen uns dagegen auslaugen. Es wäre großartig, wenn wir alle unangenehmen Menschen und Tätigkeiten aus unserem Alltag verbannen könnten, aber das wird wahrscheinlich nie möglich sein. Doch etwas können wir tun. Wir können das Unangenehme so umwandeln, dass es uns nicht mehr belastet. Wenn wir unangenehme Aktivitäten neutralisieren, greifen sie unsere Reserven nicht länger an. Wir entziehen der Aufgabe oder der Begegnung mit anderen die Macht, uns zu ärgern, zu stressen oder zu deprimieren. Auf diese Weise lässt sich eine Aktivität, vor der es uns früher graute, mit einer Fahrt zur Tankstelle an einem kalten, regnerischen Tag vergleichen. Es macht uns zwar keinen besonderen Spaß, aber es zehrt uns auch nicht aus.

Das Steinewerfen hilft Ihnen in sechs einfachen Mikro-Schritten, den Kraftstoff in Ihrem Tank zu bewahren.

Schritt 1: Machen Sie es sich bequem. Egal an welchem Platz, zu welchem Zeitpunkt und ganz so, wie Sie es möchten.

Schritt 2: Erstellen Sie eine Liste mit allen stressigen Aufgaben und Begegnungen, die Sie an einem typischen Wochentag auslaugen.

Schritt 3: Stellen Sie sich jede dieser schrecklichen Aktivitäten als schweren Stein vor, den Sie den ganzen Tag in einem Rucksack mit sich herumtragen. Das Gewicht lastet so schwer auf Ihren Schultern, dass Sie es kaum schaffen, sich zum nächsten Café zu schleppen.

Schritt 4: Stellen Sie sich nun vor, dass Sie in den Rucksack hineingreifen und einen Stein herausholen. Nur einen. Denken Sie an den Stein und beantworten Sie die folgenden Fragen:

- Welche unangenehme Aufgabe oder Begegnung symbolisiert dieser Stein?
- Was ist der Sinn dieser Aufgabe oder Begegnung?
- Warum belastet mich diese Aufgabe/Begegnung so stark?
- Was würde sich verändern, wenn ich beschließen würde, mich nicht mehr davon stressen zu lassen?
- Was könnte ich tun, damit mich diese Aufgabe oder Begegnung weniger belastet?

Schritt 5: Sobald Sie einen Weg gefunden haben, die Belastung abzubauen, stellen Sie sich vor, dass Sie den Stein, der die Aktivität/Begegnung symbolisiert, in einen See werfen.

Werden Sie ihn los. Sie müssen die Aufgabe zwar immer noch erledigen beziehungsweise die Begegnung ertragen, aber sie wird Sie nicht mehr erdrücken und Ihnen Energie rauben, da sie nicht länger von negativen Gefühlen begleitet wird.

Schritt 6: Fühlen Sie sich nicht dazu gedrängt, zu viele Steine auf einmal fortzuwerfen. Ein Stein pro Tag oder sogar pro Woche genügt. Mit der Zeit werden Sie feststellen, dass Sie am Tag mehr Energie übrig haben, um sich dem Projekt zu widmen, das Ihnen am Herzen liegt.

12 Ja, aber ich habe kein Geld

Ich würde es ja tun, wenn ich das Geld dafür hätte – denn dann wäre es überhaupt kein Problem, mein Projekt zum Abschluss zu bringen. Hätte ich die finanziellen Mittel, würde ich meine Idee ganz bestimmt konsequent von A bis Z durchziehen. Kommen Ihnen diese Aussagen bekannt vor? Die meisten von uns ohne Platin-Kreditkarte sehen ihr monatliches Gehalt oder ihre Ersparnisse als Sicherheit. Müssten wir sie aufgeben, könnten wir nachts nicht mehr ruhig schlafen. Doch das ist ein Problem, weil man bei manchen Ideen Geld investieren muss. Und was tun diejenigen, die keine Geldbündel unter ihrer Matratze liegen haben? Häufig erklären sie, dass sie ihre großartige Idee verfolgen würden, wenn sie nur das Geld dafür hätten.

Doch es gibt Tausende von Menschen, die ihre Ziele ohne ein üppig gefülltes Bankkonto erreicht haben. All die Geschichten von Menschen, die es quasi vom Tellerwäscher zum Millionär geschafft haben, zeigen, dass es am Dranbleib-Faktor liegt und nicht am Geld beziehungsweise an einem reichen Gönner.

Zweifellos ist es mit viel Geld in der Hinterhand weniger beängstigend, ein Unternehmen zu gründen, noch einmal zur Universität zu gehen oder ein Häuschen zu kaufen. Ohne entsprechende finanzielle Absicherung müssen wir ein viel größeres Risiko eingehen. Deshalb fragen wir uns, woher wir nur den Mut nehmen sollen, so viel aufs Spiel zu setzen. Schließlich, so sagen wir uns, legen vernünftige Leute ein finanzielles Polster an, statt ihre letzten Ersparnisse auszugeben. Andererseits ist es wahrscheinlich nicht der beste Weg zu einem erfüllteren Leben, sich die eigenen Ziele ein für alle Mal aus dem Kopf zu schlagen.

Geld auszugeben, um bei der Verwirklichung Ihrer Ideen voranzukommen, ist eine Investition in Ihre Zukunft und weder eine vorübergehende Laune noch übertriebener Luxus. Sie bauen sich damit etwas auf. Und etwas aufzubauen kostet nun mal etwas. Sicherlich ist das nervenaufreibend, wenn Sie nicht in Geld schwimmen. Doch Sie können die Ausgaben vor sich selbst rechtfertigen, wenn Sie erkennen, dass Sie etwas Wertvolles und Wichtiges schaffen. Allerdings sollten Sie auch auf das Kleingedruckte in dem Vertrag mit sich selbst achten: Sie sollten das Geld wirklich nur dann für Ihr Ziel verwenden, wenn Sie Ihren Plan auch konsequent umsetzen. Falls Sie das nicht tun, werfen Sie Ihr Geld zum Fenster hinaus.

Natürlich sollten Sie Ihre Idee vertagen, falls Sie beispielsweise ein Darlehen nicht weiter bedienen könnten. Wenn Sie aber in der Lage sind, Ihre laufenden Kosten zu begleichen, und Sie sich trotzdem nicht entschließen können, etwas in Ihre Idee zu investieren, sollten Sie sich fragen: »Was ist wichtig für meine Zukunft?«

Delia war so frustriert von ihrer Arbeit, dass sie morgens in der U-Bahn nach erkälteten Fahrgästen Ausschau hielt, um sich daneben zu stellen. »Ich wollte mich gerne anstecken«, gestand sie. »Wäre ich krank geworden, hätte ich für eine Weile nicht in die Arbeit gemusst.«

Falls Fieber und Husten verlockend für Sie klingen, ist es an der Zeit, über Ihr Leben nachzudenken. Delia wollte ihr Hobby gerne zum Beruf machen. Sie entwarf in ihrer Freizeit Modeaccessoires und wollte unbedingt eine Internetseite entwickeln und ihre Produkte auf einigen großen Weihnachtsmärkten präsentieren. Ihre Pläne erforderten Geld.

Auf einer Liste mit den mutigsten Dingen, die jemand im Leben tun kann, rangiert das Investieren von Geld in eine neue Geschäftsidee sehr weit vorne. Wahrscheinlich ist es ähnlich gewagt, wie am gefährlichen Stiertreiben in Pamplona teilzunehmen oder als Stand-up-Comedian vor Publikum aufzutreten. Allein der Gedanke, ihre mühsam erwirtschafteten Ersparnisse in die Weiterentwicklung ihres Traums zu investieren, versetzte Delia in Panik. »Mein Bauchgefühl sagt mir, dass es richtig ist, Werbung zu machen und meine Produkte auf Weihnachtsmärkten zu präsentieren. Aber was ist, wenn ich mich täusche?«, fragte Delia verunsichert.

»Angenommen, es läuft nicht so, wie Sie es sich vorstellen – was würden Sie daraus lernen?«, fragte ich sie. Delia überlegte eine ganze Weile und antwortete schließlich: »Ich würde feststellen, welche Produkte sich nicht verkaufen, und erkennen, warum das so ist.«

Ich war begeistert davon, was Delia *nicht* sagte. Sie sagte nicht, dass sie dann wohl einsehen müsste, was für eine schlechte Designerin sie sei oder dass ihr Konzept nichts tauge. Stattdessen dachte sie wie jemand, der konsequent dranbleibt – sie würde zumindest Erfahrungen sammeln, die ihr helfen würden, ihr Konzept zu verbessern. Nach vier anstrengenden Jahren hatte Delia es tatsächlich geschafft. Ihre Accessoires verkauften sich so gut, dass sie ihren Job endlich kündigen konnte.

Ein Projekt ist wie ein Baby: Damit es sich entwickeln kann, sind Zeit und Geld erforderlich

Menschen mit dem Dranbleib-Faktor betrachten ihr Projekt häufig wie ein weiteres Kind in ihrer Familie. Ohne ihren anderen Kindern etwas wegzunehmen, müssen sie für das neue Kind in ihrem Leben etwas ausgeben – und sie müssen täglich genug Zeit finden, um sich darum zu kümmern. Sie können die Phase, in der Sie sich Ihrer Idee widmen, ebenfalls als eine Art Elternzeit betrachten.

Ein paar meiner Klienten arbeiten nur noch in Teilzeit, um mehr Zeit für ihre Projekte zu haben, auch wenn sie die finanziellen Einbußen deutlich spüren. Doch auch diejenigen, die ganz gut von ihren Ersparnissen leben können, bekommen jedes Mal feuchte Hände, wenn sie Geld von der Bank abheben. Und die meisten fühlen sich dazu verpflichtet, an allen Ecken und Enden zu sparen – manche leisten sich im Extremfall nicht mal mehr eine Latte Macchiato.

TIPPS FÜR DAS SELBST

Gibt man Geld für bestimmte Produkte aus, wird das häufig eher akzeptiert als eine Investition in Ideen. Viele Menschen bringen ihre Bewunderung zum Ausdruck, wenn wir uns zum Beispiel einen Sportwagen oder einen riesigen Flachbildschirm leisten. Erzählen wir ihnen aber, dass wir in unsere Idee investieren, bekommen wir oft nur ein skeptisches »Na, dann viel Glück« zu hören. Es ist schwer, einen Urlaub, ein neues Auto oder den Umzug in ein größeres Haus für einen Traum zu opfern. Niemand tauscht gerne eine ersehnte Anschaffung oder etwa einen Segeltörn im Mittelmeer gegen eine vage Möglichkeit ein. Aber trotzdem sollten Sie sich fragen: »Welche Entscheidung könnte mir dabei helfen, meine Zukunft so zu gestalten, wie ich sie mir wünsche?«

Es kann uns große Kopfschmerzen bereiten, teure Anzeigen zu schalten oder einen Stand auf einem Kunsthandwerkermarkt anzumieten, wenn wir keine Ahnung haben, ob wir unsere Unkosten wieder hereinbekommen. Selbstverständlich sollten wir keinen Cent ausgeben, ohne Marktforschung zu betreiben und sicherzugehen, dass unsere Idee realistisch ist und gute Aussichten auf Erfolg hat. Haben wir aber gute Gründe, an unsere Idee zu glauben, sollten wir uns fragen, ob wir es bereuen würden, nicht dranzubleiben. Sich etwas für die Zukunft aufzubauen hat seinen Preis und es kann Jahre dauern, bevor sich unsere Investitionen rechnen. Doch wir bezahlen auch einen Preis, wenn wir unsere Ideen nicht verwirklichen.

Worauf können Sie bauen?

Eins ist ganz klar: Es gibt keine Garantien. Das wissen Menschen mit dem Dranbleib-Faktor sehr genau. Wir können lediglich so gut wie möglich abschätzen, ob eine bestimmte Investition uns bei der Verwirklichung unseres Ziels weiterhilft. Manchmal ist die Entscheidung, Geld für etwas auszugeben, genau richtig, und manchmal werden unsere Erwartungen nicht erfüllt.

Menschen, die an ihren Ideen dranbleiben, sind überzeugt davon, dass sie Rückschläge überstehen und die Kraft haben werden, bestimmte Dinge in ihrem Leben umzusetzen. Sie trauen sich, Zeit und Geld zu investieren, um ihr Ziel zu verwirklichen, weil sie sich sicher sind, wieder auf die Füße zu kommen, egal was auch passieren wird. Sie sind bezüglich ihrer finanziellen Lage nicht blind. Daher warten sie nicht, bis sie kurz vor der Insolvenz stehen, sondern ändern notfalls ihre Vorgehensweise. Aber sie geben sich die Erlaubnis, in ihr Potenzial zu investieren.

Sobald Sie Geld für die Umsetzung Ihrer Idee ausgeben, beginnt eine Achterbahnfahrt. Doch wie alles, was Sie im Zusammenhang mit Ihrem Projekt unternehmen, bringt diese Fahrt Sie nicht zurück zum Ausgangspunkt, sondern vorwärts, egal was passiert. Die eigenen Ziele zu verfolgen ist etwas sehr Aufregendes. Wenn Sie es durchgestanden haben, erkennen Sie, wie weit Sie gekommen sind, und – was noch wichtiger ist – wie viel Sie schaffen können. Außerdem wird alles, was Sie bei der Verwirklichung Ihrer Idee lernen, Ihnen Ihr restliches Leben lang etwas nutzen.

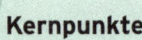

Kernpunkte

- Geld für Ihre Idee auszugeben ist weder unverantwortlich noch ein Luxus. Sie bauen sich eine Zukunft auf. Geben Sie sich die Erlaubnis, in Ihr Potenzial zu investieren.
- Sie sollten natürlich weder sich selbst noch Ihre Familie finanziell gefährden, aber möglicherweise müssen Sie auf ein paar Dinge verzichten, um Ihr Ziel zu erreichen.
- Sich einer Idee zu widmen, ist so, als würden Sie ein Kind großziehen: es erfordert Zeit und Geld.
- Seien Sie sich stets über Folgendes im Klaren: Selbst wenn der schlimmste Fall eintritt und Sie Ihr investiertes Geld nicht zurückbekommen, werden Sie viel aus der Erfahrung gelernt haben.

Übung

In sich selbst investieren

Ein Ziel zu verwirklichen hat häufig einen gewissen Preis. Aber es gibt Dinge im Leben, in die es lohnt, zu investieren: eine tolle Matratze, ein zuverlässiges Auto, erlesene Pralinen, ein Plan, der Ihnen Energie verleiht.

Bevor Sie sich aber an eine Steuerkanzlei oder an eine Finanzberatung wenden, um herauszufinden, wie Sie Ihren Plan finanzieren können, sollten Sie die folgende Tabelle ausfüllen. Überlegen Sie vor allem, welche weiteren Vorteile Ihnen die Investition in Ihre Idee bringt. Investieren Sie in ein Produkt, das auf vielfältige Weise verwendet werden kann? Erlernen Sie eine neue Fähigkeit oder entwickeln Sie eine Begabung weiter, die nicht nur Ihrem Projekt zugutekommt, sondern auch Ihre Leistungen in der Arbeit verbessert oder sich gut in Ihrem Lebenslauf macht? Delia lernte durch die Arbeit auf den Weihnachtsmärkten zum Beispiel viel über das Verkaufen dazu. Was sie bei der Vermarktung ihrer Modeaccessoires sowohl im persönlichen Kundenkontakt als auch übers Internet lernte, konnte sie erfolgreich an ihrem Arbeitsplatz anwenden. Sie wurde eine bessere Kundenbetreuerin und stieg zwei Mal innerhalb des Unternehmens auf, bevor sie sich selbstständig machte.

Möglicherweise können Sie einen Teil Ihres Projekts oder sogar das ganze Vorhaben finanzieren, indem Sie einen Urlaub oder etwas anderes opfern – einen Luxus, auf den Sie verzichten können. Sie müssen nichts für immer aufgeben, es ist nur vorübergehend. Wenn Sie über diesen Kompromiss nachdenken, sollten Sie überlegen, warum der Luxus, auf den Sie verzichten müssten, für Sie so verlockend ist. Gibt es vielleicht einen günstigeren Weg, etwas Ähnliches zu bekommen oder zu erleben? Wenn Sie beispielsweise eine Luftveränderung brauchen, könnten Sie sich vorstellen, statt nach Barcelona in eine Stadt zu reisen, die näher an Ihrem Wohnort liegt?

Immer wenn Sie unsicher sind, ob Sie Ihrer Idee oder etwas anderem den Vorrang geben wollen, sollten Sie sich fragen: »Welche Entscheidung könnte mir dabei helfen, die Zukunft so zu gestalten, wie ich sie mir wünsche?« Es hat auch einen Preis, nicht in sich selbst zu investieren.

Die Entscheidungsmatrix

Benötigte Dienstleistungen, Produkte und/oder Fortbildungsmaßnahmen Notieren Sie jeweils das Wichtigste zuerst.	Kosten	Argumente Warum sollten Sie in die Punkte auf Ihrer Liste investieren? Was erwarten Sie sich jeweils davon?

Zusätzliche Vorteile Notieren Sie weitere mögliche berufliche/persönliche Vorteile, die sich durch die Investition ergeben könnten.

Kompromisse Welche Möglichkeiten gibt es, Geld für die jeweilige Investition aufzutreiben, ohne Ihre Eigentumswohnung oder andere wichtige Dinge aufs Spiel zu setzen? Welche nicht essenziellen Anschaffungen könnten Sie auf einen späteren Zeitpunkt verschieben?

13 Ja, aber ich weiß nicht, was mein Bauch dazu sagt

Es gibt Zeiten im Leben, da wissen wir einfach nicht, was wir denken sollen. Die Inspiration hat uns verlassen und unser Bauchgefühl hat jede Kommunikation mit uns eingestellt. Wir haben den Eindruck, als sei irgendwo ein Schalter umgelegt worden, sodass unsere innere Energie nicht mehr fließen kann, und wir haben keine Ahnung, wie sie sich wieder aktivieren lässt. Wir haben den Bezug zu unserem Projekt verloren.

Wir wissen nicht mehr, was gut und was schlecht ist, können Fehler nicht mehr von erfolgreichem Handeln unterscheiden. Nach einer Besprechung sind wir unsicher, ob wir auf die anderen überzeugend oder nervös und verzweifelt gewirkt haben. Wir hinterfragen alles, was wir sagen und tun. Wir befürchten, dass unsere Präsentation unprofessionell war, und machen uns ganz verrückt mit der Frage, ob wir unseren beruflichen Aufstieg verspielt haben, als wir uns das letzte Gebäckstück vom Konferenztisch geangelt haben. Wir stellen uns eine Frage nach der anderen und bekommen keine Antworten darauf.

Gerade wenn wir besonders verunsichert sind und unsere Intuition mehr denn je brauchen könnten, scheint uns der sechste Sinn abhandenzukommen. Aber warum macht er sich ausgerechnet in solchen Momenten aus dem Staub? Die Antwort liegt auf der Hand. Es liegt daran, dass unser Bauch sich zusammenzieht, und das überlagert unsere Intuition. Wäre das nicht der Fall, würde unser Bauchgefühl sich deutlich bemerkbar machen und uns dazu auffordern, endlich unser lächerlich niedriges Honorar zu erhöhen, damit unsere Klienten uns als Experten sehen und nicht als irgendeinen Neuling, der erst gestern sein Firmenschild an die Tür geschraubt hat. Wenn wir nicht so verunsichert wären, würden wir uns hüten, bei der Übergabe des Quartalsberichts zur Geschäftsführerin zu sagen:»Ich weiß nicht, wie gut er ist.« Es ist ein Teufelskreis. Je angespannter und verzweifelter wir werden, desto schwächer werden unsere intuitiven Kräfte. Und wenn wir nervös sind, können wir in einer Besprechung etwas so oft beteuern wie wir wollen, die anderen Teilnehmer werden unsere Unsicherheit trotzdem wahrnehmen. Nonverbale Signale wie der Klang unserer Stimme, die Tonhöhe, Körperhaltung und Mimik vermitteln 78 Prozent mehr Informationen als Worte. Der tolle Vortrag, an dem wir stundenlang gefeilt haben, wird völlig zunichtegemacht, wenn uns der Schweiß von der Nasenspitze heruntertropft und wir mit einem um Anerkennung heischenden Blick in die Runde schauen.

Wie Paul Ekman, der bereits erwähnte Experte auf dem Gebiet der nonverbalen Kommunikation, zeigt, sind unsere Gedanken privat; unsere Gefühle sind es nicht. Gefühle sind öffentlich. Das heißt, wir signalisieren anderen durch die Stimme, Mimik und Körperhaltung, welche Gefühle wir haben.

Bei Hypersensiblen streikt die Intuition

Sobald unsere Körpersprache der Welt signalisiert, dass unser innerer Kompass, der unser Urteilsvermögen steuert, nicht funktioniert, haben wir an zwei Fronten gleichzeitig Probleme. Zum einen strahlen wir Unsicherheit aus. Und zum anderen leidet unsere Fähigkeit darunter, nonverbale Signale anderer richtig zu deuten. In einer Konferenz begrüßt uns ein neu hinzugekommener Teilnehmer mit einem Händedruck und runzelt dann die Stirn, als er seine Kaffeetasse in die

Hand nimmt. Unser intuitiver Geist hätte bemerken können, dass der andere fast unmerklich zusammenzuckte, als seine Hand die heiße Kaffeetasse berührte. Aber da die Intuition im Moment nicht mit uns spricht, schließen wir aus der finsteren Miene des anderen, dass er uns nicht leiden kann. Wir reagieren beleidigt und beschließen, dass wir ihn auch nicht mögen. Immer wenn er während der Sitzung spricht, sehen wir auffällig auf unsere Uhr. Das ist nicht gerade der Anfang einer wunderbaren Freundschaft.

In einer perfekten Welt wäre unser Geist stets ruhig und klar. Wir würden zwei Mal täglich meditieren und uns dabei auf das Genie eines Bill Gates einschwingen. In der realen Welt regen wir uns viel zu sehr über unseren Chef oder eine Rechnung auf, um uns hinzusetzen und die Bauchatmung durchzuführen. Kurz nachdem ich mich selbstständig gemacht hatte, rollte ich regelmäßig eine Yogamatte auf dem Boden aus, zündete ein paar Kerzen an, spielte eine CD mit Meeresklängen und bat alle Quellen höherer Weisheit darum, mir die nächsten brillanten Schritte ins Ohr zu flüstern. Doch stattdessen hörte ich nur eine zeternde innere Stimme, die mir im Kommandoton befahl, aufzustehen und den Staub vom Boden wegzusaugen. Im Laufe der Zeit entwickelte ich ein Sieben-Schritte-Programm, um meine nörgelnde innere Stimme zum Schweigen zu bringen und mit meiner Intuition zu kommunizieren. Es war nicht leicht, aber es hat sich gelohnt.

Der amerikanische Psychologe Daniel Cappon, einer der führenden Intuitionsexperten, definiert Intuition als »die großartigen Gedanken, die jedem erfolgreichen Unterfangen zugrunde liegen«. Tief in unserem Gehirn, so Cappon, bewahren wir ein Wissen, das dem bewussten Geist verborgen ist.

Dieses Wissen ist wie eine riesige Datenbank. Zapfen wir sie an, haben wir Zugang zu all unseren bisherigen Lebenserfahrungen sowie zu einer Unmenge von gespeicherten Fakten und zahllosen Sinneseindrücken – Informationen also, die wir mit unseren Augen, Ohren und den anderen Sinnesorganen so schnell aufgenommen haben, dass unser ständig arbeitender analytischer Verstand sie gar nicht bemerkt hat. Cappon und anderen Experten zufolge umfasst diese außerordentliche Datenbank darüber hinaus das kollektive Gedächtnis beziehungsweise die Erfahrungen und Weisheit, die im Laufe der Zeit von unseren Vorfahren weitergegeben wurden.

Die Intuition tritt meistens in Form einer Ahnung auf

Den Experten zufolge kommt es zu einer Ahnung, wenn unser Geist ein Muster erkennt. Das Gehirn arbeitet mit rasender Geschwindigkeit, um die Signale und Erlebnisse einer aktuellen Situation mit einer Situation aus der Vergangenheit abzugleichen. Kommt es zu einer Übereinstimmung, wird unsere Wahrnehmung gesteigert. Das inspiriert unser Denken und führt zu scharfsinnigeren Entscheidungen. Der legendäre Eishockeyspieler Wayne Gretzky beispielsweise ist bekannt für seine Aussage, dass er häufig schon vorher ahnte, wohin der Puck sich bewegen würde. Er ist ein klassisches Beispiel eines Menschen, der seine Intuition einsetzte, denn er konnte Muster erkennen.

Erfolgreiche, überzeugende Geschäftsleute erkennen ebenfalls Muster. Während einer Besprechung können sie die unterschwelligen Signale der anderen Teilnehmer wahrnehmen. So wissen sie, wie diese wirklich empfinden. Ihr Einfühlungsvermögen wird erhöht, wenn Sie sich darauf konzentrieren, was andere brauchen, fühlen, wollen. Der Trick dabei ist, ganz im Hier und Jetzt zu bleiben und unvoreingenommen ebenso auf den Klang der Stimme wie auf die Worte zu achten.

Wir alle haben das Potenzial, unsere Intuition zu nutzen. Allerdings müssen wir uns diese Fähigkeit in der Regel erarbeiten und wir müssen den Wunsch haben, sie überhaupt zu entwickeln.

Das folgende Sieben-Schritte-Programm für größere Klarheit und Inspiration erfordert wie alle anderen Übungsprogramme Einsatz und Entschlossenheit. Aber die gute Nachricht ist – man kann beim Üben zumindest etwas essen.

Schritt 1: Tauchen Sie ein
Vertiefen Sie sich richtig in Ihr Interessengebiet und beschäftigen Sie sich mit allem, was auch nur entfernt damit zu tun hat. Die Intuition folgt den Informationen auf dem Fuße. Vielfältige Informationen zu sammeln vergrößert nicht nur Ihr Wissen, Sie lernen auf diese Weise auch verschiedenste Muster kennen.

Als meine PR-Agentur den Auftrag bekam, Promotion für die Spielwarenindustrie zu machen, tauchten meine Partnerin und ich in die Welt der Kinder ein. Sobald die Tinte auf dem Vertrag getrocknet war, fühlten wir uns aus geschäftlichen Gründen dazu verpflichtet, uns Zeichentrickfilme im Fernsehen anzuschauen und dazu Smarties zu naschen. Wir kauften alle möglichen Süßigkeiten mit diabetesfördernden Zuckermengen und lustigen Verpackungen ein.

Unsere morgendlichen Sitzungen im Büro wären ein Traum für jedes achtjährige Kind gewesen. Wir aßen Schokopops und Krispies und lasen dabei Comic-Heftchen. Wir spielten mit Kindern die Spiele, die sie am liebsten mochten, sahen uns mit ihnen ihre Lieblingsfilme an, hörten ihre Musik, gingen mit ihnen einkaufen, lasen, was sie lasen und besuchten einige Schulklassen während des Unterrichts. Es hätte uns zwar passieren können, versehentlich mit einem lilafarbenen Schnurrbart im Sitzungsraum unseres Kunden aufzutauchen, weil wir die neonfarbigen Getränke der Kids auf ex tranken, aber wir konnten unseren Gesprächspartnern in Sekundenschnelle sagen, welche ihrer Ideen bei den Kids ankommen und welche floppen würden. Wir waren mit allen Sinnen ins Universum der Kinder eingetaucht und hatten somit ein gesteigertes Bewusstsein dafür entwickelt, was sie dachten, brauchten und fühlten.

Je mehr Informationen wir über das große Gesamtbild sammeln, desto schneller kann der Geist die einzelnen Punkte miteinander verbinden. All meine extrem erfolgreichen Klienten behaupten von sich selbst, nachrichtensüchtig zu sein. Jeden Tag sehen sie Zeitschriften, Zeitungen und Internetseiten durch, wenngleich sie einräumen, sie selten ganz durchzulesen. Im Prinzip scannen sie lediglich alles Mögliche. Aber sie nehmen dabei so viele Informationen auf, dass sie Trends erkennen und ein Gefühl für Themen und Ereignisse entwickeln, die für ihren eigenen Bereich von Bedeutung sein könnten.

Schritt 2: Fragen Sie, was andere denken, brauchen und fühlen
Wir Menschen sind nicht gerade besonders gute Zuhörer. Viele von uns hören häufig nur oberflächlich zu und überlegen dabei, was sie von ihrem Gesprächspartner halten und was ihr Gegenüber wohl über sie denken mag. Sie nehmen also lediglich das wahr, was sie selbst vermuten, der Rest ist nur ein Hintergrundgeräusch.

Um Ihre intuitiven Fähigkeiten zu fördern, sollten Sie diesen inneren Dialog beenden und Ihrem Gesprächspartner Fragen stellen, mit denen Sie in seinen Kopf hinein- und aus Ihrem eigenen herauskommen. Fragen Sie den anderen, was er von einem Konzept hält, dann wird er Ihnen erzählen, was für ihn stimmig wirkt und was er nicht so gelungen findet. Fragen Sie ihn, wie er empfindet, dann wird er Ihnen seine Begeisterung oder seine Bedenken mitteilen. Fragen Sie ihn, was er braucht, dann wird er Ihnen sagen, welche Erwartungen und Forderungen er erfüllen muss. Während Sie zuhören, sollten Sie darauf achten, an welchen Punkten die Energie zunimmt und wann sie schwindet. Beobachten Sie, wann der andere sicher wirkt und wann er zögert, wann er lächelt und wann er mit den Achseln zuckt.

Eine unvoreingenommene, genaue Beobachtungsgabe ist die geheime Waffe von Menschen, die ein besonderes Talent haben, die Gedanken von Menschen zu lesen, sei es in der Arbeit, in einer Liebesbeziehung oder beim Poker.

Schritt 3: Spielen Sie das Spiel »Was wäre, wenn?«

Unser lauter rationaler Verstand ist wie ein arroganter, rechthaberischer Besserwisser, der immer gleich eine Antwort parat hat. Wir müssen ihm also etwas auf die Sprünge helfen, damit er sich für die Myriaden von Signalen und Möglichkeiten öffnet.

Die Intuition entbehrt manchmal jeder Logik, daher neigen wir dazu, sie zu unterdrücken, anstatt auf Überlegungen, die nicht so richtig zur linken Gehirnhälfte passen, einzugehen. Aber natürlich hat keineswegs immer nur derjenige recht, der logisch denkt. Es war mitnichten logisch, als eine nordamerikanische Kaffeehauskette ihre Kunden verwirrte, indem sie ihren kleinen Kaffeebecher als »tall«, den mittleren als »grande« und den großen als »venti« bezeichnete. Aber es war sicher eine sehr inspirierte Entscheidung, mit der die Kaffeehauskette Starbucks sich deutlich von anderen abhob. Außerdem verbannte sie auf diese Weise das geizig wirkende Wort »klein« sowie den Begriff »groß«, bei dem viele ein schlechtes Gewissen bekommen, von der Karte.

Wir können die Grenze zwischen der Logik und unserer Intuition abbauen, indem wir scheinbar verrückte, unorthodoxe Fragen stellen. Zum Beispiel »Wie-wäre-es-wenn?«-Fragen. Wie wäre es, wenn wir einen kleinen Becher als »tall« bezeichnen würden? Wie wäre es, wenn wir diesen Service zusammen mit irgendeiner technischen Spielerei anbieten würden? Wie wäre es, wenn wir Leute von anderen Abteilungen zu unserem

Brainstorming einladen würden? Wie wäre es, wenn wir unseren Kunden irgendetwas Verrücktes versprechen würden? Wie wäre es, wenn wir unser Konzept so abfassten, als würden wir die Kids direkt ansprechen? Wie wäre es, wenn wir unsere Garage in ein Atelier verwandeln würden?

Alle Fragen, die nicht von normalen Standards oder einer herkömmlichen Logik ausgehen, zwingen uns dazu, kreativ zu werden, und der kreative Geist ist der Hort inspirierender Erkenntnisse. So funktionierte es auch für Albert Einstein, der bekanntlich die unmögliche Frage stellte »Wie wäre es, wenn man auf einem Lichtstrahl reiten könnte?« und daraufhin die Relativitätstheorie entwickelte.

Schritt 4: Die Routine durchbrechen
Wir sind Gewohnheitstiere. Wir fahren jeden Tag auf demselben Weg zur Arbeit, trinken stets im selben Café eine Latte Macchiato, sitzen auf demselben Stuhl, schauen aus demselben Fenster. Kein Wunder, dass wir unsere Intuition nicht wahrnehmen – schließlich langweilen wir sie so sehr, dass sie einschlummert. Eine gewisse Routine mag ja ganz angenehm sein, aber immer in den gleichen Bahnen zu denken, lässt unsere Kreativität verkümmern. Neue Impulse führen zu neuen Antworten. Deshalb sollten Sie hin und wieder etwas tun, was Sie normalerweise nicht machen. Besuchen Sie eine Kunstgalerie, sehen Sie sich einen Film an, in den Sie normalerweise nicht gehen würden, laufen Sie durch ein weiter entferntes Stadtviertel, probieren Sie ein neues Restaurant aus. Wenn Sie etwas Ungewohntes tun und viele neue Dinge sehen, macht Ihr Geist Überstunden, um neue Verbindungen herzustellen. Das wiederum fördert Ihre Intuition in höchstem Maße.

Fragen Sie sich regelmäßig: »Was wäre, wenn?«, und lassen Sie nicht zu, dass irgendjemand Ihre Frage als albern abstempelt, auch nicht Sie selbst. Alles Neue hat einmal mit einer »albernen« Frage begonnen. »Wie wäre es, wenn wir eine Hundebäckerei eröffnen und Geburtstagskuchen für Rex und Co. verkaufen würden?« Diese Überlegung könnte man schnell als eine der verrücktesten Ideen aller Zeiten bezeichnen. Doch so unglaublich es auch klingen mag, mittlerweile florieren Hundebäckereien bereits in vielen großen Städten. Lassen Sie auch den Kommentar »Das funktioniert nie und nimmer« nicht zu. Eine Idee von vornherein zu verwerfen ist einfach zu leicht, es bedeutet weder eine Herausforderung noch macht es Spaß. Vor allem wird das kreative Denken dadurch nicht gefördert. Beantworten Sie Ihre gewagten Fragen mit der Haltung, dass alles möglich ist. Verlassen Sie für ein paar Minuten die Realität mit all ihren Begrenzungen und starren Vorstellungen. Falls andere Sie kritisieren oder verspotten, können Sie ihnen in einem überlegenen Ton mit einem Zitat von Robert Kennedy antworten: »Manche Menschen sehen die Dinge, wie sie sind, und fragen sich: ›Warum?‹ Ich träume von Dingen, die es noch nie gab, und frage: ›Warum nicht?‹« Danach könnten Sie noch folgendes Zitat von Walt Disney anbringen: »Wenn du davon träumen kannst, kannst du es auch tun«, um schließlich mit dem süffisanten Hinweis Hamlets abzuschließen: »Es gibt mehr Dinge zwischen Himmel und Erde, als eure Schulweisheit sich träumen lässt.« All dies sollte die Skeptiker zum Schweigen bringen.

Schritt 5: Sich eine Auszeit nehmen
Die Intuition benötigt Zeit und Raum, um sich frei zu entfalten. Daher sollten Sie Ihren Geist zur Abwechslung mal ab-

schalten und an gar nichts denken. Eine Möglichkeit ist, einfach dazusitzen und vor sich hinzustarren. Natürlich sollten Sie das nicht gerade während einer Besprechung oder in der U-Bahn tun, da andere Menschen in der Regel etwas irritiert reagieren, wenn man sie mit Froschaugen unverwandt anblickt. Aber zu Hause können Sie dieses hypnotische Starren genießen. Es versetzt Sie in einen Zustand zwischen Wachsein und Schlaf. Sie können beispielsweise unter der Dusche tagträumen oder in einem wohligen Schaumbad abschalten, wie viele Bücher zum Thema Intuition empfehlen. Und das aus gutem Grund, denn es funktioniert, und außerdem kommen Sie in den Genuss der herrlich duftenden Badeessenzen. Falls Sie es allerdings nicht schaffen, zu meditieren oder gedanklich völlig abzuschalten, können Sie Ihre Vorstellungskraft durch andere mühelose Aufgaben fördern. Versuchen Sie gemeinsam mit Kindern, Tierfiguren in den Wolken zu erkennen, oder stellen Sie sich vor, wie Ihre Kollegen aussehen würden, wenn deren Augen und Mund vertauscht wären. Die Vorstellungskraft ist eng mit der Intuition verknüpft. Wenn man die eine stimuliert, stößt man gleichzeitig die andere mit an.

Schritt 6: Treffen Sie ein paar Blitzentscheidungen
Beginnen Sie mit Dingen, die nicht so wichtig sind. Möchten Sie ins Kino gehen oder nicht? Nachdenken ist nicht erlaubt. Wie immer Sie sich entscheiden, es wird den Lauf der Welt nicht verändern, daher sollten Sie Ihrem ersten Impuls folgen und beobachten, was passiert. Es ist Sonntag – wozu haben Sie Lust? Daniel Cappon zufolge ist es wichtig, sich in weniger als 7,5 Sekunden zu entscheiden, da der logische Verstand auf diese Weise nicht genug Zeit hat, uns zu sagen, was wir tun »sollten«, und unser Bauchgefühl eine Chance hat, Gehör zu finden. Das Ziel der Übung besteht darin, regelmäßig auf Ihr Bauchgefühl zu achten, damit Sie lernen, darauf zu vertrauen. Das Vertrauen spielt eine entscheidende Rolle, da nichts die

Intuition schneller abtötet, als sich selbst zu hinterfragen. Und nichts zerstört das Vertrauen anderer Menschen in Sie mehr, als wenn Sie zweifeln.

Wenn Sie auf einer zweispurigen Straße mit Gegenverkehr links abbiegen möchten, wissen Sie genau, wann es ungefährlich ist und wann nicht. Sie sitzen nicht mit einem Taschenrechner in der Hand da, um die Geschwindigkeit des herankommenden Verkehrs oder den Abstand zwischen den einzelnen Autos zu berechnen. Sie treffen instinktiv eine Entscheidung, die auf der Erfahrung unzähliger Abbiegemanöver beruht, an die Sie sich im Einzelnen nicht erinnern.

Schritt 7: Visualisieren, visualisieren, visualisieren
Treten Sie in einem Film auf, den Sie vor Ihrem inneren Auge ablaufen lassen. Tun Sie darin genau das, was Sie tun möchten. Lassen Sie andere Menschen so reagieren, wie Sie es sich in der Realität wünschen. Visualisierungen lassen den rationalen, zweifelnden Geist außer Acht und stellen eine Verbindung zu Ihren Gefühlen und Ihrer Kreativität her. Nach einer Visualisierungsübung sollten Sie sich auf keinen Fall skeptisch fragen: »Wie um alles in der Welt soll ich das jemals umsetzen?« Fragen Sie stattdessen: »Wie könnte sich dieser Traum erfüllen?« Die Antwort muss nicht realistisch sein, um den intuitiven Geist in Gang zu setzen. Ein Freund von mir stellte sich zum Beispiel vor, dass ihm fünf Verlage ein Angebot für seinen ersten Kriminalroman machten.

»Wie könnte sich dieser Traum erfüllen?«, fragte ich ihn.

»Mal sehen«, antwortete er schelmisch grinsend. »Vielleicht stranden die fünf Verleger zusammen mit mir auf einer einsamen Insel und haben absolut nichts anderes zu tun, als mir zuzuhören.«

»Woher kommen die Verleger denn gerade oder wohin wollen sie?«, fragte ich nach.

»Vielleicht wollten sie gerade eine Buchmesse besuchen«,

erwiderte mein Freund. »Da fällt mir ein, dass ich noch eine ganze Menge Flugmeilen übrig habe. Ich denke, ich werde zur Buchmesse nach Los Angeles fliegen und versuchen, mir dort ein paar Visitenkarten von Agenten zu angeln. Was habe ich dabei schon zu verlieren?«

Sie werden völlig andere und viel inspirierendere Selbstgespräche führen, wenn Sie einen positiven Einstieg wählen, der Ihnen ein gutes Gefühl vermittelt. Skepsis, Angst und Zweifel dagegen bewirken genau das Gegenteil. Ein gestresster Geist ist wie eine geballte, schweißnasse Faust, die nichts aufnehmen kann.

Die Intuition ist keine felsenfeste Garantie oder unfehlbare Weissagerin. Aber sie führt zu klareren Gedanken und größerer Einsicht. Vor allem spüren Sie eine innere Ruhe bezüglich Ihres Vorhabens, wenn Sie mit Ihrer Intuition kommunizieren.

Menschen mit dem Dranbleib-Faktor betonen häufig, wie wichtig das Gefühl der Zuversicht ist, dass sie gerade ihr Bestmögliches geben. Da sie sich auf sich selbst verlassen können, haben sie eine überzeugende Ausstrahlung und die Begegnungen mit anderen laufen insgesamt viel positiver ab. Sie trauen sich mehr auszuprobieren und mehr Risiken einzugehen.

Kernpunkte

- Wenn wir merken, dass wir ständig alles hinterfragen, was wir tun und denken, ist es wichtig, gegenzusteuern, um die Panik zu stoppen. Menschen, die Ideen verwirklichen, wissen, dass man sich selbst vertrauen muss. Und dazu gehört auch, auf das eigene Bauchgefühl zu hören, nicht nur auf den logischen Verstand.
- Beim intuitiven Denken geht es vor allem um das Erkennen

von Mustern. Das wiederum führt zu inspiriertem Handeln. Wenn der Geist eine aktuelle Situation bereits vorhandenen Erfahrungen zuordnen kann, entsteht ein gesteigertes Bewusstsein, und wir sehen klarer.

- Bei Begegnungen mit anderen sollten Sie sich auf Ihren Gesprächspartner konzentrieren, indem Sie ihn fragen, was er denkt, braucht und fühlt. Achten Sie nicht nur auf seine Worte, sondern auch auf seine Körpersprache.
- Wer intuitiv handelt, empfindet genug Zuversicht, um jedes Risiko einzugehen, das ihn voranbringt.

14 Ja, aber ich finde keinen Mentor

Tief in unserem Inneren sehnen wir uns alle nach einem Mentor. Allein die Vorstellung, von einem weisen Menschen mit großartigen Beziehungen beraten zu werden, der nichts anderes möchte, als uns zum Erfolg zu verhelfen, lässt uns vor lauter Sehnsucht auf die Knie sinken.

Natürlich können wir uns gegen Bezahlung von Experten beraten lassen; wir können auch Netzwerke nutzen und neue Kontakte knüpfen. Aber es gibt keinen Ersatz für die Anerkennung von jemandem, der unsere Arbeit gut kennt. Ein Mensch, der uns sagt, dass er uns toll findet, verleiht uns einen positiven Schub, den wir uns mit keinem Geld der Welt kaufen können. Ein Mentor kann den Kern all unserer Unternehmungen erkennen – uns selbst nämlich. Wir selbst sind der Ursprung jeder Idee, jedes Vorhabens und jedes Ziels.

Liebespartner kommen und gehen, aber eine Person, die wir sehr schätzen und die um unser Potenzial weiß, tragen wir für immer in unserem Herzen. Leider gibt es heutzutage nicht sehr viele Mentoren. Dabei gab es einmal eine Zeit, da war die Welt voller kleiner Büros, in denen grauhaarige, warmherzige Männer und Frauen mit Freunden in guten Positionen nach Schützlingen Ausschau hielten. Heutzutage färben die meisten Senioren, die die letzten Umstrukturierungsmaßnahmen überstanden haben, ihre Haare und kümmern sich um ihre Rückenprobleme. Und viele der jüngeren Leute in Schlüsselpositionen sind eher darauf aus, eigene Seilschaften zu gründen, als Mentoren für andere zu sein.

Häufig haben wir bei der Umsetzung einer Idee das Gefühl, allein gegen den Rest der Welt zu kämpfen. Wir müssen uns immer wieder beweisen und mit Skepsis und Ablehnung fertig werden. Wir haben nur uns selbst und das kann sehr einsam werden – als würden wir ganz alleine mit einem Flugzeug durch die Nacht fliegen, ohne Funkkontakt und ohne zu wissen, wo sich der nächste Flughafen befindet. Wir geben nicht einfach auf, doch unsere Zuversicht kann manchmal gefährlich sinken. Wenn wir in solchen Zeiten keinen Mentor haben, müssen wir uns selbst einen basteln.

Der Mentor »Marke Eigenbau«

Für den Mentor »Marke Eigenbau« schreiben Sie zunächst positive Dinge auf, die andere im Laufe der Jahre über Sie gesagt und die Ihnen ein gutes Gefühl verliehen haben. Gehen Sie in Ihrer Erinnerung so weit wie möglich zurück – zum Beispiel bis zu Ihrer Grundschulzeit. Vielleicht fällt Ihnen ja ein Lehrer ein, der Sie für Ihre Umsicht gelobt hat.

In meinem Fall hat sich ein Satz eines arroganten Professors für immer in mein Gehirn gebrannt. Er unterrichtete einen Creative-Writing-Kurs, an dem ich vor circa 25 Jahren teilnahm. Der Professor wirkte so, als hätte er viel lieber ein paar armen Fliegen die Flügel ausgerissen, als sich die nächtlichen Textergüsse einiger Hobbyautoren anzuhören. Aber da er uns nun einmal am Hals hatte, verriss er unsere wertvollen Texte gnadenlos. Deshalb war ich völlig entgeistert, als er mich am letzten Unterrichtstag beim Kaffeeautomaten ansprach und mir zumurmelte: »Himmel noch mal, hören Sie auf, ständig an sich zu zweifeln. Das Einzige, was Ihnen zum Erfolg fehlt, ist eine Portion Zuversicht und Entschlossenheit.« Diese wenigen Worte haben mich verändert. Bis zu diesem Zeitpunkt hatte ich überhaupt nicht an meine schriftstellerischen Fähigkeiten geglaubt.

Den meisten Menschen fällt es schwer, eine lange Liste mit Komplimenten zusammenzustellen, die ihnen etwas bedeuten. Zum einen muss uns das Lob glaubwürdig erscheinen, sonst ist es für uns kein echtes Kompliment. Es ist zwar nett, wenn ein Kollege seine Begeisterung über einen unserer Artikel zum Ausdruck bringt, aber wie soll uns das etwas bedeuten, wenn dieselbe Person allen Ernstes behauptet, dass in Glückskeksen die besten Sätze zu finden seien?

In der Regel schieben wir ein Lob viel zu schnell beiseite, während wir endlos über Kritik nachgrübeln, egal wie gering sie ist. Der Wert eines Kompliments wird noch gesteigert, wenn wir uns klarmachen, dass Lob – anders als Worte, die im Zorn gesprochen werden – nicht gedankenlos geäußert wird. Menschen machen anderen vielmehr ein Kompliment, wenn irgendetwas sie positiv berührt hat – sei es die Art des anderen oder sein Handeln. Dale Carnegie, Autor des Buchs ›Wie man Freunde gewinnt‹, zufolge erhalten wir mehr Lob als uns bewusst ist. Alleine die Tatsache, dass jemand auf uns zukommt und zu uns sagt: »Hallo, ich erinnere mich an Sie«, ist eine Form von Anerkennung, die wir auf der Habenseite verbuchen können. Wenn sich jemand an unseren Namen erinnert, so Carnegie, macht er uns damit ein subtiles Kompliment; er zeigt uns auf diese Weise, dass wir einen Eindruck bei ihm hinterlassen haben.

Machen Sie sich keine Sorgen, falls Sie nach wie vor Schwierigkeiten haben, eine Liste mit Komplimenten zusammenzustellen, die Ihnen etwas bedeuten. Sie können jede Form positiver Bestätigung in die Leerzeilen am Ende des Kapitels eintragen.

Denken Sie zum Beispiel an eine Situation, in der Sie jemanden überzeugt haben. Vielleicht hat ein schwieriger Kunde seine Unterschrift unter einen Vertrag gesetzt. Möglicherweise hat ein von Ihnen sehr geschätzter, aber selbstgefälliger Kollege sich nach anfänglichem Widerstand Ihrer Meinung angeschlossen. Das sind keine bedeutungslosen Ereignisse, sondern wichtige Anhaltspunkte für Ihr Ich-bastle-mir-meinen-Mentor-Projekt.

Wäre Ihr Mentor-Projekt eine Collage, würde sich diese aus einem Patchwork aus Ihren persönlichen Erfolgen sowie aufschlussreichen, lobenden Bemerkungen anderer Menschen zusammensetzen. Könnte das Kunstwerk sprechen, würde es Sie beiseitenehmen und Ihnen Folgendes sagen: »Seit einer ganzen Weile beobachte ich dich nun und höre dir zu, und mir sind einige beeindruckende Eigenschaften an dir aufgefallen. Ich habe guten Grund zu glauben, dass dir alles gelingen kann, was du dir wünschst.« Wenn das Kunstwerk ein Telefon hätte, würde es wahrscheinlich ein paar Freunde anrufen und Sie über den grünen Klee loben. Aber da das Kunstwerk nicht sprechen kann, bleibt Ihnen nichts anderes übrig, als es immer wieder zu betrachten und sich selbst daran zu erinnern, dass es Menschen auf dieser Welt gibt, die viel von Ihnen halten und an Sie glauben.

Aber was ist mit all den negativen Bemerkungen, die sich im Laufe der Jahre angesammelt haben? Lassen sie den selbst angefertigten Mentor nicht alt aussehen? Die Antwort lautet eindeutig Nein, denn auf das Urteil von Leuten, die andere herabsetzen, kann man sich nur in den seltensten Fällen verlassen. Sicherlich haben sie manchmal gute Jobs und sogar ein paar besondere Auszeichnungen in ihren Regalen, aber sie verfügen über keinen Röntgenblick. Diese Leute fällen meistens aufgrund sehr dürftiger Informationen ein rasches, oberflächliches Urteil: Sie haben die Kunden also nicht dazu gebracht, einen Kaufvertrag abzuschließen ... dann sind Sie kein guter Verkäufer. Sie erröten während einer Besprechung ... dann sind Sie viel zu zart besaitet für diesen Job. Der Kundin gefällt Ihr Anzeigenentwurf nicht ... dann sind Sie wohl ziemlich inkompetent. Menschen, die solche Urteile fällen, können eine Begabung, die sich unter der Oberfläche verbirgt, nicht erkennen.

Eine Schwäche ist häufig eine etwas zu dominante Stärke

Verfolgt man eine Schwäche bis an ihren Ursprung zurück, stößt man auf eine gute Absicht, die in der Regel nur etwas besser angeleitet werden muss. Der Mensch, der seine Kunden nicht dazu gebracht hat, einen Kaufvertrag zu unterschreiben, kann sich womöglich sehr gut in andere hineinversetzen und will niemanden zu stark bedrängen. Die Mitarbeiterin, die schnell errötet, kann einen messerscharfen Verstand haben, nimmt sich die Dinge aber womöglich zu sehr zu Herzen. Die Kundin, die mit dem Anzeigenentwurf nicht zufrieden ist, hat sich vielleicht auf ein bestimmtes Konzept eingeschossen und ist daher nicht offen für innovative Ideen.

Antimentoren, die von ihrem hohen Ross aus die Schwächen anderer kritisieren, haben nicht die beste Menschenkenntnis. Egal wie selbstsicher sie auch wirken mögen, ihre Meinung wird häufig durch ihre Ungeduld, Engstirnigkeit oder sogar Unsicherheit beeinflusst. Bei ihnen verhält es sich ähnlich wie bei den Models, deren perfekte Körper wir beim Durchblättern der Illustrierten bewundern. Dabei leiden sie nicht selten unter Essstörungen oder haben bei ihren üppigen Rundungen künstlich nachgeholfen. Auch arrogante Kritiker kämpfen häufig insgeheim mit großen Selbstzweifeln, die sie allerdings überspielen. Sie greifen andere massiv an, wenn diese einen Fehler machen. Ein selbstsicherer, weiser Mensch regt sich nicht künstlich auf. Er analysiert die Fehler des anderen, erkennt aber auch dessen Stärken und berät ihn, wie er sie nutzen kann. Er weiß, dass eine Schwäche fast immer eine Kraftquelle ist, bei der es zu einem Kurzschluss gekommen ist.

Sie haben selbst die Wahl. Sie können einen Mentor aus den Komplimenten anfertigen, die Ihnen gemacht wurden, oder Sie missachten diese und glauben nur das Negative. Aber falls Sie darauf bestehen, lediglich die Kritik zu beachten, dann ist es nur konsequent, sich von anderen inspirieren zu lassen, die es ebenso gemacht haben.

Lehrer begegnen uns in unterschiedlichster Gestalt

Der offiziellen Definition zufolge ist ein Mentor ein Lehrer oder vertrauenswürdiger Ratgeber. Lehrer können uns in unterschiedlichster Gestalt begegnen. Ein Freund, der gerne Psychologe geworden wäre, dieses Ziel aber nicht weiterverfolgte, weil seine Schwester ihn von seiner Selbstsucht überzeugte, ist uns ein Lehrer. Ebenso die verbitterte Teamassistentin, die keine Immobilienmaklerin wurde, weil ihr Chef ihr einredete, sie sei nicht dafür geeignet. Und der geistreiche Vertriebsmitarbeiter, der kein Werbetexter wurde, weil ein Professor an der Universität ihm sagte, er könne keinen geraden Satz formulieren, ist ... ja tatsächlich, ebenfalls unser Berater.

Was lernen wir von all diesen Leuten? Zum einen, dass wir keine große Anteilnahme erwarten dürfen, wenn wir Dingen hinterherjammern, die wir nicht einmal versucht haben, weil wir uns von anderen verunsichern ließen. Und zum anderen erkennen wir Folgendes: Menschen, die sich über die negativen Dinge definieren, die andere über sie sagen, verfolgen ihre Ziele nicht. Sind sie deswegen glücklicher? Mit Sicherheit nicht.

Max wollte sich selbstständig machen, doch seine Frau Sylvia hatte Bedenken: »Max hat überhaupt keinen Sinn für Zahlen. Dabei braucht man ein gewisses mathematisches Verständnis, um ein eigenes Unternehmen zu führen.«

»Ich könnte einen Buchhalter einstellen«, erwiderte Max.

»Das wäre eine gute Idee«, pflichtete ich ihm bei.

Sylvia sah mich skeptisch an. »Es würde trotzdem nicht funktionieren. Die Gefahr der Veruntreuung ist zu groß. Man muss die Buchhaltung selbst überprüfen können, sonst wird man nach Strich und Faden betrogen. Deshalb sollten Leute wie du, Max, immer angestellt bleiben.«

»Ich kann lernen, wie man Bilanzen prüft«, sagte Max. »Es handelt sich schließlich nicht um Gehirnchirurgie.«

»Für jemand anderen wäre es vielleicht kein Problem, aber in deinem Fall ... du kannst doch überhaupt nicht rechnen«, entgegnete Sylvia hartnäckig.

»Aber wenn es um meine Existenz geht, werde ich mich bestimmt nicht hintergehen lassen. Ich garantiere dir, dass mich nichts mehr interessieren wird als die Buchhaltung«, antwortete Max bestimmt. »Und außerdem gibt es heutzutage Taschenrechner.«

Max hatte zwei Möglichkeiten. Er konnte auf die Antimentorin Sylvia hören, die ihn dazu drängte, aufgrund seiner Schwäche klein beizugeben. Oder er hörte auf seinen selbst gefertigten Mentor. Auf die innere Stimme, die ihn daran erinnerte, dass er im Laufe seines Lebens bereits viele Dinge gelernt hatte und auch weiterhin Neues lernen würde, wann immer er motiviert dazu war.

Max hörte auf seinen inneren Mentor und ist heute, sieben Jahre später, immer noch selbstständig und zwar mit großem Erfolg. Er hat mir gestanden, wie pedantisch er die Bilanzen prüft, weil er nach wie vor das Gefühl hat, Sylvia beweisen zu müssen, dass er dazu in der Lage ist. Manchmal bringt ein Antimentor uns auf eine ganz eigene Weise weiter.

TIPPS FÜR DAS SELBST

Ein Mentor erkennt Ihr Potenzial. Einem Kritiker zufolge sind Ihre Schwächen wie Plattfüße, ein Übel, das Ihnen von der Wiege bis zur Bahre anhaftet. Doch in Wirklichkeit entwickeln Menschen Stärken, wenn sie es müssen und wollen. Vielleicht werden Sie auf Ihrem Gebiet nie zur absoluten Weltspitze gehören, aber Sie können sich erheblich verbessern. Denken wir nur einmal an die vielen sportlich relativ unbegabten Menschen, denen es schließlich gelingt, ohne blaue Flecken oder Knochenbrüche auf Inlineskates zur Arbeit zu fahren.

Mentoren ermutigen uns dazu, unsere Fähigkeiten weiterzuentwickeln, und dafür können wir ihnen auf ewig dankbar sein. Doch auch wenn wir niemanden haben, der unsere Hand hält, sind wir in der Lage, auf unserem Weg zu gehen und schließlich zu rennen. Wenn Sie sich zurückerinnern, werden Ihnen zahlreiche Erfolge einfallen, die Sie ohne die Hilfe anderer erzielt haben.

Durchforsten Sie die kleinsten Ecken und Winkel Ihres Lebens. Sie werden sich an Situationen erinnern, in denen Sie sich zu Wort gemeldet haben, obwohl das Herz Ihnen bis zum Halse schlug. Ob als schüchterner Schüler, der all seinen Mut zusammennahm und dann die Hand hob, oder als Verfechter einer gerechten Sache – Sie hatten in diesen Momenten einen Zugang zu Ihrer inneren Stärke. Erinnern Sie sich an Situationen, in denen Sie einen Telefonhörer abnahmen, obwohl Sie feuchte Hände hatten, als Sie einen Raum betraten, obwohl Sie ein ganz flaues Gefühl im Magen hatten, als Sie eine Arbeit übernahmen, obwohl Sie eigentlich nicht viel Ahnung davon hatten, als Sie in ein Flugzeug stiegen, obwohl Sie nicht wussten, was Sie am Ankunftsort erwarten würde. Wenn Sie innehalten und darüber nachdenken, werden Sie auf unzählige Ereignisse stoßen, bei denen Sie gehandelt haben und weitergekommen sind, obwohl Sie innerlich zitterten. Sie wissen besser als jeder andere, wie oft Sie in Ihrem Leben der Angst die Stirn geboten haben. Falls also kein Mentor vorhanden ist, der Ihnen dabei hilft, Ihre Stärken zu erkennen, haben Sie immer noch den Spiegel.

Manchmal sollten wir uns selbst auf die Schulter klopfen und uns in höchstem Maße loben, auch wenn es uns anfangs etwas eigenartig erscheinen mag. Doch wenn es sonst niemand tut, können wir diese Form der Unterstützung wirklich gut gebrauchen. Denn so wie Babys, die immer verstörter reagieren, wenn sie nie angelächelt werden, verzweifeln auch wir, wenn wir nicht einmal von uns selbst Anerkennung bekommen. Uns selbst auf die Schulter zu klopfen, hat mehr Bedeutung, als Sie vielleicht denken, denn dadurch bringen wir zum Ausdruck, dass wir um unser eigenes Potenzial wissen. Und dieses Wissen basiert auf einem ganzen Leben voller geheimer und nicht so geheimer Leistungen.

Kernpunkte

- Menschen, die ihre Ideen umsetzen, schieben Komplimente, die sie im Laufe der Jahre bekommen haben, nicht beiseite, sondern bewahren sie in der Erinnerung auf wie kostbare Juwelen. Sie nutzen sie stets als Energiereserve, wenn ihr Selbstvertrauen abnimmt.
- Lassen Sie Ihr bisheriges Leben Revue passieren und erinnern Sie sich an all die positiven Bemerkungen, die andere über Sie gemacht haben, an all Ihre Errungenschaften und Erfolge sowie alle Ängste – große und kleine –, die Sie besiegt haben. Aus all diesen Erinnerungen entsteht Ihr innerer Mentor, auf den Sie sich verlassen können.

Übung

Den inneren Mentor entwickeln

Als wir Kinder waren, gehörte nicht viel dazu, um uns mit Stolz zu erfüllen. Schon eine harmloses »Gut gemacht!« beim Laubrechen ließ uns in die Höhe wachsen. Sagt man das einem Erwachsenen, kann er sich vermutlich die spitze Bemerkung nicht verkneifen, dass es mit ein bisschen Unterstützung wohl noch besser gegangen wäre.

Mit den Jahren wird unser Gehör in mehr als einer Hinsicht schlechter. Kleine Komplimente überhören wir, an den Einwänden und Zweifeln aber bleiben wir hängen.

Erinnern Sie sich an Komplimente, die Sie vor Kurzem, aber auch im Laufe der Zeit erhalten haben, und halten Sie jeweils das Wesentliche fest. Widerstehen Sie unbedingt der Versuchung, die Motive der Person, die Sie gelobt hat, skeptisch zu hinterfragen. Die Gymnasiallehrerin, die Ihre natürliche Begabung, vor Publikum zu sprechen, lobte, sagte das nicht zu all ihren Schülern. Die Chefin, die Ihre großartigen Ideen hervorhob, hat das nicht nur aus Höflichkeit getan. Menschen können unzählige Dinge sagen; wenn sie jemandem ein Kompliment machen, hat das eine Bedeutung.

Erinnern Sie sich auch an Momente, in denen Sie stolz auf sich waren, und an die Erfolge, die Sie im Laufe Ihres Lebens errungen haben.

Halten Sie möglichst viele aussagekräftige Komplimente und Errungenschaften fest und speichern Sie diese im Hinterkopf. Lassen Sie daraus ein inneres Flüstern werden, wenn Sie zwischendurch eine kleine Aufmunterung benötigen und an Ihre vielen Fähigkeiten und Ihr Potenzial erinnert werden möchten.

Lohnende Erinnerungen

1. Ich erinnere mich, dass ich als Kind sehr stolz darauf war, wenn jemand zu mir sagte

_____

_____

_____

_____

2. Wenn ich an die letzten Jahre denke, fallen mir folgende Errungenschaften ein, auf die ich stolz bin

_____

_____

_____

_____

3. Es gab Zeiten, in denen ich unsicher oder ängstlich war, aber das hat mich nicht von den folgenden Dingen abgehalten

_____

_____

_____

_____

4. Eins der schönsten Dinge, die je jemand zu mir gesagt hat, war

_____

_____

_____

_____

5. Im vergangenen Jahr hatte ich ein gutes Gefühl während der Zeit, als

_____

_____

_____

_____

6. Was ich wirklich an mir selbst mag, ist

_____

_____

_____

_____

15 Ja, aber nach einer Weile langweilt mich alles

Zwei Dinge über Langeweile sollten Sie wissen, wenn Sie ein Projekt verfolgen. Erstens überkommt sie jeden mal. Und zweitens muss man keine Angst davor haben. Es ist hilfreich, sich daran zu erinnern, falls Sie vor lauter Langeweile meinen, dass Sie entweder kurz davor sind durchzudrehen oder einzugehen wie eine Primel. Wobei Ihnen das wahrscheinlich noch am wenigsten ausmachen würde. An diesem Punkt würden Sie lieber in einem Holzfass die Niagarafälle hinunterschießen als eine weitere Sekunde der Langeweile ertragen zu müssen.

»Ich langweile mich zu Tode«, gestand Tom. Er befand sich in einer schwierigen Phase, da er gerade versuchte, die Finanzierung für sein Start-up-Unternehmen zusammenzubekommen. »Es langweilt mich, mir Gedanken über den Markt zu machen, es langweilt mich, nach Investoren zu suchen, es langweilt mich, ständig die Unterlagen für potenzielle Investoren auf den neuesten Stand zu bringen. Und wissen Sie, was mein Partner neulich zu mir gesagt hat?«, knurrte er ungehalten.

»Was hat er denn gesagt?«, fragte ich.

»Dass er meine Tiraden, wie gelangweilt ich bin, nicht mehr hören kann. Er hat mir vorgeschlagen, mir auf die Stirn tätowieren zu lassen: ›Vorsicht, gelangweilte Person – zu langer Kontakt kann zum Koma führen.‹«

»Ach übrigens, ich gehe mal schnell für eine Minute nach draußen, um mir einen dreifachen Espresso zu holen«, sagte ich.

»Sehr komisch«, erwiderte Tom.

Obwohl die Langeweile uns nicht wirklich umbringen kann,

bringt sie viele dazu, ihre Projekte aufzugeben, um ihrer erstickenden Umklammerung zu entkommen. Das ist äußerst bedauerlich, denn betrachtet man die Langeweile genauer, erkennt man, dass sie nur eine harmlose Türsteherin ist, die sich aus Jux als Sensenmann verkleidet hat. Wir müssen uns lediglich an ihr vorbeidrängen, dann gelangen wir um einiges klüger auf die andere Seite der Tür. Lassen wir uns dagegen von der Langeweile abhalten, müssen wir unverrichteter Dinge wieder abziehen.

Es gibt verschiedene Gründe, warum wir bei unseren Projekten stets auf die Langeweile stoßen. Die Hauptursache sind die Routinearbeiten, die nun mal dazugehören. Serienbriefe und Kreditanträge zu schreiben, Listen potenzieller Kunden zusammenzustellen und eine telefonische Kaltakquise durchzuführen – all das ist so langweilig, dass wir unsere eintönigen Stunden nicht einmal durch kübelweisen Konsum von Kaffee oder Chilipopcorn aufpeppen können. Musik zu hören kann zwar hilfreich sein, aber es kann uns auch zu stark ablenken, falls wir uns mit dem Bleistift in der Hand allzu bereitwillig zu einer spontanen Karaoke-Einlage verleiten lassen.

Es wäre schon schwierig genug, diese lästigen Pflichten zu erledigen, wenn wir irgendeine Anerkennung dafür bekämen oder eine Garantie hätten, dass unsere Mühe sich am Ende lohnt. Aber die meiste Zeit tappen wir im Dunkeln. Häufig wissen wir nicht, ob eine bestimmte Aktivität uns dem Ziel näher bringt. Mit dieser nagenden Ungewissheit im Hinterkopf ist es schwer, nicht ins Internet zu gehen und sich von den Paarungsgewohnheiten der Flöhe ablenken zu lassen oder den Stammbaum des eigenen Hundes zu erforschen. Doch damit fallen wir bereits beim ersten Test des Türstehers durch.

Systematische Versuche sind langweilig, aber unvermeidlich

Auf die Frage des Türstehers »Hast du Angst vor einer Sackgasse?« lautet die richtige Antwort: »Von wegen. Angst vor einer Sackgasse ... ich? Nicht im Mindesten! Sie soll ruhig kommen.« Okay, okay, vielleicht müssen wir es mit unserer gespielten Begeisterung nicht übertreiben, aber wir sollten zur Kenntnis nehmen, dass Versuch und Irrtum zum Dranbleib-Prozess dazugehören. Wir tun im Prinzip nichts anderes als ein Forscher im Labor, der Jahre damit verbringt, mühsam eine Formel nach der anderen zu testen, bevor er die richtige entdeckt. Wir müssen einen Weg erschöpfend erkunden, bevor wir zum nächsten übergehen. Und *erschöpfend* ist dabei das Schlüsselwort, da es in der Tat sehr ermüdend sein kann. Aber es gibt keine Abkürzungen.

Viel ist darüber geschrieben worden, was uns Menschen dazu veranlasst, uns regelmäßig aufs Sofa sinken zu lassen und vor lauter Überdruss lustlos zu seufzen. Ein veralteter Begriff für »langweilen« lautet *ennuyieren*. Das alte französische Wort *ennui* ist auch die Wurzel des englischen Begriffs *annoy* (ärgern). Verhaltensforschern zufolge ist das sehr logisch, da Langeweile eine Form des Ärgers über etwas ist, das wir als sinnlos oder monoton erachten.

Häufig machen wir ausschließlich die äußeren Umstände für unsere innere Unruhe und unseren Ärger verantwortlich. Sobald sich die Umstände ändern, so meinen wir, wird auch unser Überdruss verschwinden, und zwar schneller als kostenlose Käsestückchen. Aufgrund dieser Erwartung – erklären uns die Verhaltensforscher – sind wir ständig auf der Suche nach neuen Spielzeugen und Erfahrungen, um uns zu unterhalten. Doch wie bereits manch verwöhntes Kind reicher Eltern während einer Entziehungskur feststellen musste, funktioniert es nicht, sich mit immer neuen Dingen abzulenken.

Jedenfalls erschwert das Streben nach Abwechslung gerade erst begonnene Projekte. Ein weiterer Grund für den Überdruss, mit dem Menschen zu kämpfen haben, die ein Ziel erreichen möchten, ist folgender: Wenn man eine neue Idee verfolgt, lebt man mit ihr, man schläft mit ihr, isst und atmet sie. Nach einer Weile kann es einfach zu viel werden. Es ist so, als wäre man 24 Stunden pro Tag, sieben Tage die Woche mit jemandem zusammengekettet. Egal wie sehr man den anderen mag, an irgendeinem Punkt wiederholt er denselben langatmigen und nicht sehr lustigen Witz über die drei Männer in einer Bar ein Mal zu oft, sodass man nur noch schreiend davonlaufen will. Und ganz ähnlich ist es, wenn wir uns zum millionsten Mal fragen, ob »Pfeffergurke & Co.« tatsächlich ein gelungener Name für unseren Cateringservice ist oder ob es Sinn macht, auf der eigenen Internetseite einen Wettbewerb zu veranstalten. Spätestens an diesem Punkt spielen wir mit dem Gedanken, alles hinzuschmeißen. Wir können uns selbst zur Verzweiflung treiben, wenn wir uns ständig und bis zum Gehtnichtmehr über die gleichen Dinge Sorgen machen. Irgendeine Entscheidung ist daher stets besser als Unentschlossenheit, das betonen Menschen mit dem Dranbleib-Faktor immer wieder.

Der Überdruss würde Projekte nicht so leicht zum Scheitern bringen, wenn man mit einem Ablenkungsmanöver darauf reagieren könnte. Doch damit ist es leider nicht getan. Daher fallen wir beim zweiten Test des Türstehers auch häufig durch. Wir sagen ihm, dass wir eine Pause machen und danach zurückkommen ... irgendwann. Er bemerkt darauf trocken, da könne er lange warten. Sobald wir vor lauter Überdruss von unserem Pfad abweichen, stehen die Chancen sehr schlecht, dass wir wieder dorthin zurückfinden.

Ablenkungen darf man nicht trauen, sie sind zu verführerisch

Es ist angenehm, sich mit etwas zu beschäftigen, das uns weniger fordert und mehr Spaß macht als das Projekt, das uns mittlerweile anödet. Die Symptome der Langeweile verschwinden, unser Bauch entspannt sich und wir klopfen nicht mehr nervös mit unserem Fuß auf den Boden. In diesem neu entdeckten glücklicheren Zustand lehnen wir uns zurück und fragen uns, ob wir uns nicht zu viel abverlangt haben. Wir nehmen uns vor, uns mehr zu vergnügen und alles etwas leichter zu nehmen. Doch ehe wir uns versehen, haben wir auf den »Mit-der-Diät-fange-ich-morgen-an-Modus« umgeschaltet.

Sobald wir uns eine geistige Auszeit genehmigen, neigen wir dazu, sie auszudehnen. Und auf diese Weise verlieren wir unseren bisherigen Schwung. Lagen auf unserem Wohnzimmertisch gerade noch alle möglichen Listen, Pläne und Notizzettel, befindet sich nun alles in einem Pappkarton im Keller, in dem wir »für den Moment« alles verstaut haben. Dieser Karton könnte ebenso gut in Timbuktu stehen. Dinge, die wir verräumen, bleiben weggepackt. In einem Stauraum bringen wir all das unter, womit wir uns gerade nicht befassen wollen, was wir aber nicht wegwerfen können, weil wir sonst ein schlechtes Gewissen hätten. Sehen Sie gleich einmal nach, was Sie in der hintersten Ecke Ihrer Abstellkammer aufbewahren. Sie werden wahrscheinlich mehrere Paar Schuhe finden, die unbequem sind, einige geschmacklose Bilderrahmen, kratzige Wollpullover sowie eine Plastiktüte mit halb fertigen Briefen, alten Notizen und vergilbten Zeitungsartikeln über irgendein Thema, mit dem Sie sich schon seit Langem beschäftigen wollten.

Streichen Sie den Urlaub. Selbst wenn Sie vor lauter Überdruss schreien könnten, sollten Sie sich nicht mehr als zehn Minuten Pause leisten. In dieser Zeit können Sie einen strammen Spaziergang machen, sich einen Kaffee holen oder ein Sandwich vertilgen. Mehr Vergnügen ist nicht drin. Danach ist es wieder an der Zeit, zur langweiligen Tätigkeit zurückzukehren.

Der Überdruss lässt sich mit der Verwendung von Zahnseide vergleichen. Man hat das Gefühl, wertvolle Zeit zu vergeuden, in der man etwas viel Interesstanteres tun könnte, wie zum Beispiel die Spätnachrichten ansehen. Aber zehn von zehn Zahnärzten können sich nicht irren. Sie empfehlen den regelmäßigen Einsatz von Zahnseide, um das Zahnfleisch langfristig zu schützen. Und Menschen mit dem Dranbleib-Faktor liegen mit ihrer Meinung ebenfalls nicht falsch. Sie sagen, dass man mit einem gewissen Überdruss leben und an seiner Aufgabe festhalten muss, wenn man letztlich erfolgreich sein will. Wahrscheinlich gibt es keine besseren Experten zum Thema Langeweile als Buddhisten und andere Menschen, die meditieren. Wenn Sie meinen, Leute, die mit gekreuzten Beinen stundenlang dasitzen und ihre Atemzüge zählen, seien nicht gelangweilt, sollten Sie Ihre Ansicht noch mal überdenken. In einem buddhistischen Kloster schlägt der Meditationsmeister den Mönchen mit einem Stock auf den Rücken, um sie davon abzuhalten, vor lauter Langeweile einzuschlafen. In seinem Buch ›Der Mythos Freiheit und der Weg der Meditation‹ räumt der buddhistische Lehrer Chögyam Trungpa ein, dass die lange Konzentration auf den Atem sehr eintönig und ereignislos ist. Im Fall der Meditation gibt man sich der Langeweile hin und erreicht so schließlich einen Zustand der Gelassenheit. Auch wenn man erkennt, dass nichts geschieht, erkennt man doch allmählich, dass sich etwas Würdevolles ereignet. Man atmet einfach und ist da. Damit ist etwas sehr Befriedigendes und Heilsames verbunden. Westliche Philosophen würden Trungpa gewiss absolut beipflichten. Der Philosoph Friedrich Nietzsche wies warnend darauf hin, dass Menschen, denen nie langweilig ist, keinen Zugang zu ihrer innersten Weisheit haben. Hinter der Unruhe und Getriebenheit liegt die Stille. Und wenn wir zu dieser Stille vordringen, erleben wir Momente großer Klarheit.

Langeweile führt häufig zum Durchbruch

Viele Geschäftsleute berichten, dass ihnen die besten Ideen während langer Flugreisen kamen, nachdem sie den Film an Bord bereits gesehen und nichts anderes mehr zu tun hatten, als aus dem Fenster zu starren. Bernie Brillstein, ein erfolgreicher Talentmanager aus Hollywood, hat einmal erzählt, dass er zu Beginn seiner Karriere, als er noch keine Klienten hatte, am Ende jedes quälend langsam verstreichenden Tages direkt nach Hause fuhr und ins Bett ging. Er flüchtete nicht ins Kino, traf sich nicht mit Freunden und ging auch nicht in Clubs, um sich sinnlos abzulenken. Er ging nach Hause und versank in Langeweile. Und wie sich herausstellte, war es das Beste, was er machen konnte. Einfach so dazuliegen, langweilte ihn dermaßen, dass er schließlich anfing, darüber nachzudenken, was in seinem Leben gut gelaufen war und was er falsch gemacht hatte. Er gelangte zu der Schlussfolgerung, dass er sich einfach weiterhin bemühen musste. Nach und nach baute er ein Unternehmen auf, bei dem sich die Stars die Klinke in die Hand geben.

Egal ob wir unsere Atemzüge zählen, ins Leere starren oder auf einen schwarzen Computerbildschirm, Langeweile ist Langeweile. Wir alle wollen ihr in der Regel so schnell wie möglich entkommen. Wir greifen zum Telefon, zur Fernbedienung des Fernsehers oder schnappen uns die Autoschlüssel, um diesem unangenehmen Zustand zu entgehen. Aber diesem Wunsch nachzugeben ist das Schlimmste, was wir tun können, weil wir ab diesem Moment nicht mehr auf unser Ziel zusteuern, sondern uns davon entfernen.

Das Gefühl der Unruhe kommt und geht. Halten Sie es nur ein kleines bisschen länger aus, als Sie es vermeintlich ertragen können, und tauchen Sie durch die Welle dieser nervösen Rastlosigkeit, die über Sie hereinbricht, hindurch. Gestatten Sie sich nicht, Patiencen im Internet zu legen oder endlose

Kommentare auf Facebook zu schreiben. Wenn Sie müde sind, machen Sie sich einen Kaffee mit extra viel Zucker. Verwöhnen Sie sich außerdem hemmungslos mit Keksen. Tun Sie, was immer auch nötig ist, um an Ihrer Aufgabe dranzubleiben.

Ein guter Trick ist, sich eine Minute Zeit zu nehmen und sich vorzustellen, wie man seinen eigenen Erfolg feiert. Ich forderte Tom auf, genau das zu tun. Ich bat ihn, mir die Rede vorzutragen, die er als Ehrengast bei einem Treffen junger Unternehmer halten würde, nachdem er die finanziellen Mittel für sein Unternehmen zusammenbekommen und dieses zum Erfolg geführt hatte.

»Jetzt?«, fragte er. »Einfach so, aus dem Stand heraus?«

»Legen Sie los«, sagte ich.

»Soll ich dabei stehen?«

»Gerne, was immer Ihnen passend erscheint.«

»Haben Sie vielleicht eine Krawatte, die ich mir borgen könnte?«

Es ist wirklich prima, etwas zu visualisieren, aber man sollte die kurze Pause nicht dafür verwenden, sich in kleinen, irrelevanten Details zu verlieren, wie etwa der Frage, welches Dessert beim festlichen Abendessen wohl serviert wird. Vielmehr sollte man sich auf seinen eigentlichen Wunsch konzentrieren.

»Ausnahmsweise habe ich keine Krawatte zur Hand, Tom. Aber ohne Krawatte funktioniert es genauso. Stellen Sie sich einfach vor, dass Sie während einer Wochenendtagung auftreten.«

Tom stellte sich hin und räusperte sich. »Leute«, schmetterte er mit lauter Stimme, »seht euch meine Fingerknöchel an.« Er hob die Hand und ballte sie zur Faust. »Sie sind wund. Wund vom vielen Türenklopfen, Tür um Tür um Tür. Hat noch jemand hier wunde Fingerknöchel? Zeigen Sie mir Ihre Hände.«

Tom sah mich erwartungsvoll an. Ich streckte rasch meine Hände in die Höhe.

»Sehr gut«, sagte er. Ich lächelte ihn an und rieb meine Fingerknöchel.

»Weil ich nicht aufgehört habe, an Türen zu klopfen, stehe ich heute hier«, verkündete Tom und sprach in einem fort, da er in diesem Moment erkannt hatte, wie gerne er eine Rede hielt.

45 Minuten später musste ich ihn unterbrechen. »Was werden Sie also das nächste Mal tun, wenn Sie wieder etwas so langweilig finden, dass Sie fast wahnsinnig werden?«, fragte ich ihn.

»Ich werde zu mir selbst sagen ›Leute ...‹«, Toms Stimme schwoll wieder an, »›lasst mich eure Fingerknöchel sehen‹.« Er lächelte. »Ich liebe diesen Satz. Ich werde ihn nutzen, um mich zum Weiterschuften anzutreiben.«

Wenn wir nur beharrlich dranbleiben, gehen die langweiligen Phasen auch wieder vorbei, und sie eröffnen den Weg für etwas Neues. Das ist immer so. Garantiert! Erlauben Sie es sich, gelangweilt zu sein, zutiefst gelangweilt, dann wird das Gefühl der nervösen Unruhe schließlich einer tiefen Genugtuung weichen. Das kann sich als Zufriedenheit über die Einhaltung eines sich selbst gegebenen Versprechens äußern oder als ein Gefühl der Hoffnung, der inneren Ruhe oder auch als Geistesblitz. Wenn der Türsteher Sie also fragt, warum Sie die Langeweile überwinden wollen, können Sie ihm antworten, dass Sie auf der anderen Seite der Tür eine Verabredung mit etwas Besserem haben.

- Bei jedem Projekt sind gewisse Routinearbeiten erforderlich, die meistens langweilig sind. Besonders nervtötend sind sie, wenn man nicht sicher ist, ob sich die Mühe lohnt. Außerdem kann es auch ziemlich langweilig sein, ständig über ein Projekt nachzudenken.
- Rechnen Sie damit, gelangweilt zu sein, und laufen Sie nicht davor weg, weil Sie sich damit nicht mehr auf Ihr Ziel zubewegen, sondern sich davon entfernen würden.
- Es lohnt sich, die Langeweile auszuhalten. Bleiben Sie dran, dann wird Ihre Unruhe einem Gefühl tiefer innerer Ruhe weichen. In den meisten Fällen eröffnen langweilige Phasen den Weg zur Inspiration.

Übung

Die Langeweile überstehen

Wenn Sie so schnell wie möglich von Ihrem Projekt fortkommen wollen, weil es Sie langweilt, sollten Sie beharrlich dranbleiben. Ödet uns etwas an, haben wir das Gefühl, durch einen langen, geraden Tunnel zu fahren – wir sehen nichts als Dunkelheit, können keinen Radiosender mehr empfangen und fragen uns nach einer Weile, ob dieser Straßenabschnitt irgendwann wieder zu Ende sein wird. Rechnen Sie damit, dass diese Phase Stunden, Tage oder sogar Monate dauert, aber kehren Sie nicht um. Bleiben Sie im Tunnel, bis Sie das sprichwörtliche Licht sehen. In der Zwischenzeit können Sie die folgende Übung ausprobieren, um lästige Routinearbeiten besser durchzuhalten.

1. Visualisieren Sie Ihren Erfolg. Stellen Sie sich anschließend vor, man hätte Sie gebeten, einen Vortrag darüber

zu halten, wie Sie Ihr Ziel trotz aller Widerstände erreicht haben. Welchen inspirierenden Rat würden Sie Ihren Zuhörern geben, um sie zum Weitermachen zu motivieren, selbst wenn die Aufgaben langweilig und nervig sind?

2. Notieren Sie sich Ihre Worte der Weisheit und schließen Sie einen Pakt mit sich selbst, sie jede halbe Stunde zu lesen. Als Anreiz versprechen Sie sich, nach jeder halben Arbeitsstunde fünf Minuten Pause zu machen.

3. Kurz vor der Pause rufen Sie sich Ihre Visualisierung noch einmal ins Gedächtnis und stellen sich vor, wie Sie Ihren Rat an Ihr Publikum weitergeben. Es sollte Sie nicht überraschen, wenn Sie feststellen, dass Sie praktizieren, was Sie predigen.

16 Ja, aber ich habe nicht genügend Geduld

Ich selbst bin der ungeduldigste Mensch, dem ich jemals begegnet bin. Ich trinke gerne starken Tee, aber warte ich etwa, bis der Tee vier Minuten in der Kanne gezogen hat? Nein, sobald ich ihn mit kochendem Wasser aufgegossen habe, schenke ich mir eine Tasse ein und beschwere mich dann über das schwache, geschmacklose Gebräu. Bei einem meiner zahlreichen Versuche, eine meditative Beschäftigung zu finden, bei der ich bleiben würde, übte ich mich in Ikebana, der Kunst des Blumenarrangierens. Aber offensichtlich ist es nicht angesagt, so viele Blumen wie möglich in die Hand zu nehmen, um alle auf einmal anzuschneiden. Die Lehrerin riet mir, es mit Töpfern zu versuchen. Die Töpferin wiederum schlug mir Beruhigungstabletten vor. Ich muss zugeben, dass ich stets auf eine unmittelbare Belohnung aus bin. Leider musste ich auf schmerzliche Weise lernen, was für ein Härtetest es für Ungeduldige ist, konsequent an einer Sache dranzubleiben.

Einige von uns würden die Verluste lieber abschreiben und zum nächsten Projekt übergehen, anstatt abzuwarten und darauf zu hoffen, dass noch vor der nächsten Eiszeit irgendetwas passiert. Gurus jeder Couleur wiederholen gebetsmühlenartig immer wieder, dass Geduld eine Tugend ist. Wahrscheinlich würde ich zustimmen, wenn es mir gelänge, ein Mal einen Vortrag zu diesem Thema von Anfang bis Ende durchzuhalten. Aber einiges spricht auch für diejenigen unter uns, die wie ich sehr schnell reden und ständig nervös mit dem Fuß wippen. Wir erledigen alles mit doppelter Geschwindigkeit.

Ich für meinen Teil gehöre nicht zu den gründlichsten Menschen, aber wenn ich mir vornehme, ein Zimmer zu streichen, ist es an einem Tag erledigt. Sicher, danach befinden sich ein paar Farbspritzer auf den Möbeln, den Fensterbrettern und dem Boden – die Überpeniblen würden wahrscheinlich darauf hinweisen, dass es mehr als nur ein paar Spritzer sind –, aber die Arbeit ist getan und vorbei. Und das ist entscheidend.

Wer es gewohnt ist, ein Leben auf der Überholspur zu führen, dem fällt es schwer, an einem Projekt dranzubleiben, bei dem man nur langsam vorwärtskommt. Aber, sagen die Gurus mit erhobenem Zeigefinger, Rom wurde nicht an einem Tag erbaut, ein guter Wein muss jahrelang reifen, und niemand lernt Spanisch von heute auf morgen. Wenn jeder stets sofortige Ergebnisse erwarten würde, wäre die Welt um das Kolosseum in Rom ärmer, wir könnten nie einen guten Cabernet genießen und nur die wenigsten würden Spanisch als Fremdsprache sprechen.

Wie man durchhält, auch wenn es einem gegen den Strich geht

Im Wörterbuch wird Geduld als die Fähigkeit definiert, Wartezeiten oder Verzögerungen auszuhalten, ohne sich zu ärgern oder aufzuregen, beziehungsweise angesichts von Schwierigkeiten Ruhe zu bewahren. Für die Ungeduldigen geht es also darum, einen Weg zu finden durchzuhalten, selbst wenn es ihnen gegen den Strich geht. Zum Glück haben Menschen mit dem Dranbleib-Faktor Strategien dafür entwickelt.

Miriam benötigte fünf lange Jahre, um ihre Idee durchzusetzen, eine Elternsendung fürs Radio zu machen. Sie arbeitete in der Nachrichtenredaktion, als sie das Konzept erstellte. Ben, der Programmdirektor, forderte sie nach der Durchsicht ihres Konzepts auf, eine Demo-Sendung zu produzieren. Nachdem sie ihm diese präsentiert hatte, wollte Ben über ihren

Vorschlag »nachdenken«. In regelmäßigen Abständen sprach Miriam ihn auf ihr Projekt an und schickte ihm E-Mails mit neuen Zahlen und Fakten, die belegten, dass eine Ratgebersendung für Eltern die Hörer interessieren würde. Nachdem sie jahrelang immer nur mit den Worten »Wir werden sehen« vertröstet worden war, begegnete sie eines Tages beim Aufzug zufällig dem Vertriebsleiter. Während sie beide auf den Lift warteten, empfahl er ihr, mit einer Vertriebsmitarbeiterin zu sprechen, um einen zahlungskräftigen Sponsor für die Sendung zu suchen. Daraufhin erstellte sie ein neues Konzept, machte eine neue Demo-Sendung und konnte schließlich jeden Tag einen neunzigsekündigen Beitrag zum Thema Kindererziehung sowie jeden Samstagmorgen eine Radiokolumne für Eltern produzieren.

Miriam mangelt es nach eigenem Bekunden an Geduld. Wegen Leuten wie ihr müssen Läden Kassierer einstellen, die in Blitzgeschwindigkeit arbeiten. In einer Boutique hat Miriam überhaupt kein Problem damit, vier Stunden lang die Umkleidekabine zu belegen, aber sollte sie, Gott bewahre, an der Kasse anstehen müssen, würde sie ihre mühsam zusammengesuchte Sammlung von Kleidungsstücken auf dem nächsten Tisch abladen und so schnell hinausstürmen, als ob ihr Haus in Flammen stünde.

Wie hat Miriam es also geschafft, ihre Idee fünf unbefriedigende Jahre voranzutreiben, anstatt ihr Konzept zu zerreißen und es sich aus dem Kopf zu schlagen? Sie kaufte sich jedes Jahr einen Terminkalender und setzte sich im Januar hin, um bereits feststehende Termine und Schulferien zu vermerken. Bei der Gelegenheit trug sie auch das Wort »Elternsendung« jeweils am ersten Mittwoch im Februar, Mai, August und November in den Kalender ein. Vor solchen Mittwochen stellte sie aktuelle Statistiken über ihre Zielgruppe zusammen, recherchierte, wie erfolgreich Ratgebersendungen für Eltern waren, verfasste eine lustige Meldung zum Thema Kindererziehung und schickte all diese Informationen per Mail an den Programmdirektor.

Miriam behielt ihr Projekt stets im Auge. Jedes Mal, wenn sie sich wieder aktiv damit befasste, überlegte sie sich ein paar kleine, einfache Schritte, die sie ausprobieren konnte, um das Konzept bei ihrem Radiosender durchzusetzen. Und danach hatte sie jedes Mal das Gefühl, einen Schritt weiter zu sein. Es ist ein Unterschied, ob man endlos an der Bushaltestelle steht oder sich entscheidet, bis zur nächsten Haltestelle zu laufen. In beiden Fällen wartet man auf die Nummer 29, aber es ist befriedigender, flotten Schrittes von einer Straßenecke zur nächsten zu gehen, als dazustehen und angestrengt nach dem Bus Ausschau zu halten.

Wie Miriam es so sinnig formulierte: »Die Warterei nervt einfach tierisch.« Das Warten nervt, weil wir keine Kontrolle haben, solange wir uns im Wartemodus befinden. Stehen wir beim Sommerschlussverkauf im Kaufhaus in einer langen Schlange an der Kasse, können wir uns nicht einfach nach vorne drängeln, die Kassiererin zur Seite schubsen und selbst die reduzierten Preise in die Kasse eingeben. Und ebenso wenig können wir Entscheidungsträger zwingen, uns bis zu einem bestimmten Termin eine Antwort zu geben, wenn sie dazu nicht bereit sind.

Doch wir können herausfinden, worauf wir Einfluss haben, und uns auf diese wenigen Dinge konzentrieren. So schickte Miriam dem Programmdirektor regelmäßig E-Mails mit fundierten Informationen, um ihn immer wieder an ihr Projekt zu erinnern. Allerdings schreibt sie es im Rückblick nicht den E-Mails zu, dass sie ihr Vorhaben letztlich durchsetzen konnte – zumindest nicht direkt. Hätte sie den Vertriebsleiter nicht zufällig vor dem Aufzug getroffen, würde sie dem Programmdirektor wahrscheinlich heute noch E-Mails schicken. Und wahrscheinlich würde dieser die Mails nach wie vor löschen und ihr auf dem Flur aus dem Weg gehen. Hätte

Miriam ihre Idee aber nach ihrem ersten Versuch aufgegeben, wäre das Gespräch mit dem Vertriebsleiter ganz anders verlaufen. Miriam hätte ihm ihre Idee nicht so schmackhaft machen können.

Spulen wir den Film einmal zurück, um zu sehen, was passiert wäre, wenn Miriam ihre Idee fallen gelassen hätte. Das Gespräch mit dem Vertriebsleiter vier Jahre später wäre vermutlich so verlaufen:

»Ich hatte vor einiger Zeit mal die Idee, eine Ratgebersendung für Eltern zu machen«, sagt Miriam.

»Das ist nicht unser Ding. Wir sprechen Frauen am Arbeitsplatz an«, erwidert der Vertriebsleiter.

»Das weiß ich, aber viele unserer Hörerinnen haben Kinder.«

»Ja, aber wir machen ›Radio für die Arbeit‹ nicht ›für zu Hause‹. Und wie läuft es so in der Nachrichtenredaktion?«

»Gut, danke. Aber ich sage Ihnen, die Ratgebersendung, die ich geplant hatte, wäre optimal auf unsere Hörer zugeschnitten gewesen. Ich weiß nicht, warum der Programmchef sie nicht machen wollte.«

Der Aufzug kommt.

»Wie gesagt, Miriam. Das ist nicht unser Ding. In welches Stockwerk möchten Sie?«

Lesen Sie nun, wie das Gespräch tatsächlich verlaufen ist:

»Hat der Programmchef Ihnen schon von meiner Idee erzählt, eine Ratgebersendung für Eltern zu machen?«

»Das ist nicht unser Ding. Wir sprechen Frauen am Arbeitsplatz an.«

»Das weiß ich, aber viele unserer Hörerinnen haben Kinder.«

»Ja, aber wir machen ›Radio für die Arbeit‹, nicht ›für zu Hause‹.«

»Das ist jetzt aber nicht Ihr Ernst, oder? Eine aktuelle Umfrage zeigt, dass 90 Prozent der Frauen mindestens fünf Mal am Tag an ihre Kinder denken. Und wissen Sie, worüber sie nachdenken? Sie fragen sich, ob sie am Abend wieder eine Auseinandersetzung wegen der Hausaufgaben haben werden oder ob ihr Kind wirklich ein Außenseiter ist, weil es keine coolen Markenklamotten trägt. Ich sage Ihnen, die Leute würden ihre Kaffeepause in die Sendezeit legen, weil sie genau die Themen ansprechen würde, die Eltern beschäftigen. Ich habe dem Programmchef gerade ein paar Statistiken gemailt, die belegen, dass Elternmagazine einen sprunghaften Zuwachs verzeichnen. Der Bedarf an Erziehungstipps ist riesig; Eltern sind die reinsten Nervenbündel – sie wollen Hilfe.«

»Hm, eine längere Sendung tagsüber ist kein geeignetes Format für uns. Aber vielleicht könnten wir ein paar gesponserte Mini-Beiträge senden. Sprechen Sie doch mal mit Norma aus dem Vertrieb darüber und stellen Sie ein Konzept zusammen, das für einen Sponsor interessant sein könnte.«

Der Aufzug kommt.

»Wenn Sie von einem Mini-Beitrag sprechen, was genau würde Ihnen da vorschweben?«

»Irgend so etwas wie ›Der Ratgeber für Eltern in einer Minute, mit freundlicher Unterstützung von Müsliriegel XY, dem gesunden Knabberspaß für Groß und Klein.‹«

»Okay. Eine Minute ist zwar sehr kurz, aber wir könnten damit anfangen ...«

Miriam hätte dieses Gespräch nicht führen können, wenn sie ihr Projekt nicht weiterverfolgt und keine Informationen dafür gesammelt hätte. Wäre sie vom Vertriebsleiter Jahre später darauf angesprochen worden, täglich einen Beitrag mit einem Kurztipp für Eltern zu produzieren, wäre sie wahrscheinlich – das sagt sie heute selbst – nicht offen für die Idee gewesen. Dieses Konzept entsprach nicht ihrer ursprünglichen Vorstellung, daher wäre sie nicht so erpicht darauf und nicht flexibel genug gewesen. Aber nachdem sie jahrelang aktiv versucht hatte, eine Sendung zu bekommen, wollte sie unbedingt *irgendwas* tun. Und das Format funktioniert gut. Es macht ihr großen Spaß, die Tipps zu produzieren. Außerdem führte diese Arbeit letztlich dazu, dass sie mittlerweile auch Artikel zum Thema Kindererziehung schreibt.

Ungeduld führt zu Zweifeln

Ungeduldige Menschen haben die schlechte Angewohnheit, die Zeit wie Kalenderblätter zu betrachten, die im Zeitraffer herunterfallen. Sie verbreiten die beunruhigende Warnung, dass es *zu spät* sein wird, wenn nicht bald etwas geschieht. Allerdings fragen sie sich nicht, wofür genau es »zu spät« sein wird. Sie zählen nicht die letzten Sekunden bis zu einem vermuteten Weltuntergang herunter, während sie mit den Fingern nervös auf die Tischplatte trommeln. Nein, hinter ihrer Getriebenheit steht eine andere Angst. Nicht die Angst, die Welt könnte implodieren, bevor sie eine Chance hatten, ihre Ziele zu erreichen, sondern die Angst vor einer Enttäuschung. Sie zweifeln daran, dass das, was sie sich wünschen, geschehen wird.

Sie befürchten, dass jemand mit der gleichen Idee als Erster die Ziellinie erreichen wird, dass die Menschen sie vergessen werden, dass irgendein unvorhergesehener Umstand sie zwingen wird, ihren Pfad zu verlassen. Sie wollen ihre Ziele *jetzt sofort* erreichen, weil sie nicht sicher sind, ob sie es sonst je schaffen werden. Könnte ihnen nur jemand eine Garantie geben, würden sie sich wahrscheinlich etwas entspannen.

Menschen mit dem Dranbleib-Faktor weisen immer wieder darauf hin, dass die einzig mögliche Garantie diejenige ist, die wir uns selbst geben.

Ungeduldige Menschen sehen ihr Projekt häufig wie einen Flug, den sie unter keinen Umständen verpassen dürfen. Und was geschieht, wenn sie auf dem Weg zum Flughafen in einen Stau geraten, ihr Flugzeug ohne sie abfliegt und ihr Ticket verfällt? Sie schimpfen, fühlen sich elend und sind wütend auf sich selbst und die ganze Welt. Sie fahren nach Hause, gehen ins Bett und das ist das Ende der Reise.

Für Menschen mit dem Dranbleib-Faktor ist das Projekt nicht wie ein Flug, sondern vielmehr wie der Zielort der Reise. Vielleicht verpassen sie ein paar Flüge nach Paris und müssen einige unvorhergesehene Zwischenstopps einlegen, aber sie wissen, dass sie auf die eine oder andere Weise dort ankommen werden.

TIPPS FÜR DAS SELBST

Diejenigen von uns, die den Motor an einer roten Ampel aufheulen lassen, sollten eine gelassenere Haltung entwickeln, weil es eine Weile dauern kann, bis sich ihre Ziele umsetzen lassen. Falls Sie sich getrieben fühlen, sollten Sie sich fragen: »Warum muss ich noch diese Woche eine Antwort oder ein Ergebnis haben?« In neun von zehn Fällen werden Sie gereizt antworten: »Weil ich den nächsten Schritt in Angriff nehmen muss.« Doch wahrscheinlich gibt es etwas anderes, eventuell eine kleinere Aufgabe, die Sie erledigen könnten, um Ihr Projekt in der Zwischenzeit voranzubringen. Sie werden einwenden, dass es ja gut und schön ist, kleine Dinge umzusetzen, Sie den Termin aber nicht einhalten können, solange zentrale Fragen noch offen sind. Denken Sie daher noch einmal über den Termin nach. Wenn Sie ihn sich selbst vorgegeben haben, können Sie ihn auch verschieben. Termine sind großartige Motivatoren, um den eigenen Antrieb aufrechtzuerhalten, aber nicht jeder Termin sollte mit einem verbissenen Jetzt-oder-nie gleichgesetzt werden. Handelt es sich um einen Termin »von außen«, den Sie unbedingt einhalten müssen, haben Sie keine andere Wahl und müssen darauf bestehen, dass Ihnen die beteiligten Leute bis zu einem bestimmten Datum eine Antwort beziehungsweise ihren Input liefern. Bei einer selbst gesetzten Frist hingegen, die sich als unrealistisch erweist, riskieren Sie zu scheitern, wenn Sie nicht flexibel sind.

Geduld zu bewahren ist eine Form des Handelns

Der Ferrari-Verkäufer Robert musste lernen, sich in Geduld zu üben, sonst hätte er sich einen anderen Job suchen müssen. Er lässt sich von dem französischen Bildhauer Auguste Rodin inspirieren, für den Geduld eine Form des Handelns war. Einen Ferrari kauft man sich nicht aus einem spontanen Impuls heraus. Das tun selbst diejenigen nicht, die sich ein Auto für 250000 Dollar leisten können. Zu einem Verkauf kommt es bei Robert fast immer erst nach einem sehr langen, langsamen Tanz mit den Kunden. Dazwischen liegen lange Phasen, in denen er wie ein Mauerblümchen herumsitzt.

Wie Miriam gibt auch Robert bei jedem Kontakt sein Bestes. In regelmäßigen Abständen verschickt er individuell zugeschnittene, äußerst verlockende Informationen über das Auto an interessierte Kunden. Aber zwischendurch, wenn ein potenzieller Kunde nicht greifbar ist, konzentriert sich Robert auf etwas anderes. Wenn er das nicht tun würde, so erklärt er, würde er vor lauter Warten, Zweifeln und Wollen durchdrehen.

Robert zwingt sich dazu, sich nicht verrückt zu machen und einfach davon auszugehen, dass es irgendwann zu einem Abschluss kommen wird. Er bewahrt sich sein inneres Gleichgewicht, indem er dieses *Irgendwann* als einen Zeitraum von

»zwei bis fünf Jahren« definiert. »Ich bin entspannt, weil ich davon überzeugt bin, ein positives Ergebnis zu erzielen, solange ich mein Bestes gebe, um eine gute Beziehung zu potenziellen Kunden aufzubauen und ihr Interesse wachzuhalten. Aber ich verabschiede mich von meiner Ungeduld, indem ich mir sage, dass es nicht morgen, ja vielleicht nicht einmal nächstes Jahr zu einem Kauf kommen wird.«

Ungeduldige Menschen, die es schaffen, an ihren Ideen dranzubleiben, hüten sich davor, negative Gefühle dominieren zu lassen – sei es, um nicht aufdringlich oder gar aggressiv zu wirken und andere Menschen abzuschrecken, sei es, um nicht frustriert aufzugeben. Menschen mit dem Dranbleib-Faktor setzen sich so wie Robert bewusst realistische Termine für ihre Projekte, damit sie sich auf den Prozess konzentrieren können und keine sofortigen Ergebnisse von sich selbst oder anderen erwarten.

Kernpunkte

- Wir werden ungeduldig, wenn wir nicht bestimmen können, wann und wie etwas geschieht. Es macht uns ganz verrückt, keine Kontrolle darüber zu haben. Am effektivsten können wir der Ungeduld begegnen, indem wir uns eine Reihe von Mini-Schritten überlegen, die wir selbst umsetzen können.
- Letztlich verbirgt sich hinter unserer Getriebenheit die Angst, unser Ziel aus den verschiedensten Gründen nicht zu erreichen, wenn es nicht jetzt sofort geschieht. Es gibt keine Garantie, dass Sie nicht durch unvorhersehbare Umstände dazu gezwungen werden, einen Umweg zu machen. Möglicherweise müssen Sie Ihre Herangehensweise überdenken, aber solange Sie dranbleiben, können Sie sicher sein, dass Sie Ihr Vorhaben umsetzen werden.

- Konzentrieren Sie sich auf den Prozess, nicht auf irgendwelche Termine. Sie werden feststellen, dass Sie geduldiger
sind, als Sie es sich je vorstellen konnten. Erinnern Sie sich
immer wieder an die berühmte Erkenntnis: »Geduld zu zeigen ist auch eine Form des Handelns.«

Übung

Einen realistischen Termin finden

Ein Termin ist ein nützliches Instrument, das uns wie eine
Peitsche dazu antreibt, aktiv zu werden. Er lässt ein Gefühl der
Dringlichkeit entstehen, das uns motiviert, Dinge nicht länger
aufzuschieben und einen Wettlauf gegen die Zeit zu beginnen.
Aber ein Termin ist nur hilfreich, wenn er auch realistisch ist.
Ein utopischer Termin ist wie eine unlösbare Mathematikauf-
gabe. Nach dem ersten Versuch geben wir mit dem Gefühl auf,
dass unsere Mühe vergeblich ist.
Einer meiner Klienten war ein unzufriedener Bankmanager,
der sich beruflich neu orientieren wollte. Bereits einige Jahre
zuvor hatte er versucht, eine Arbeit in einem ganz anderen
Bereich zu finden. Er hatte sich dafür eine Frist von vier Mo-
naten eingeräumt. Als er nach seinem selbst gesetzten Termin noch kein Jobangebot hatte, war er überzeugt, dass es
nie klappen würde. Ich schlug ihm vor, einen 18-monatigen
Übergangsplan auszuarbeiten. Seine Einstellung und auch die
Resultate profitierten enorm davon.
Setzen Sie sich einen Termin, aber lassen Sie ihn sich nicht
von Ihrer Ungeduld diktieren. Menschen mit dem Dranbleib-
Faktor wissen, dass nur ein realistischer Termin ein guter
Termin ist. Beantworten Sie die folgenden Fragen, um sicherzugehen, dass Sie eine faire Vereinbarung mit sich selbst ge-
troffen haben.

1. Wann ist Ihr Termin?

_____

_____

_____

2. Was muss geschehen, damit Sie diesen Termin einhalten können?

_____

_____

_____

3. Welche Dinge haben Sie selbst in der Hand?

_____

_____

_____

4. Was könnte zu Verzögerungen führen, die Sie nicht beeinflussen können?

_____

_____

_____

5. Was können Sie tun, um auf Ihrem Weg weiterzukommen, während Sie warten?

_____

_____

_____

6. Lesen Sie sich Ihre Antworten auf die obigen Fragen durch. Ist der Termin, den Sie sich gesetzt haben, realistisch?

_____

_____

_____

17 Ja, aber was ist, wenn ich scheitere?

Ist es wirklich besser zu lieben und den geliebten Menschen wieder zu verlieren, als nie geliebt zu haben? Die Antwort hängt davon ab, wann man fragt. Während einer Trennungsphase würden wir sicherlich antworten, nein, es ist überhaupt nicht besser. Hätten wir in solchen Momenten die Wahl, würden wir es uns gerne ersparen, lange Tage und Nächte auf der Couch zu verbringen, unsere Tränen von der Fernbedienung zu wischen und nichts anderes mehr zu essen als Tortilla Chips. Stellen wir uns dieselbe Frage aber zehn Jahre später während eines Wochenendausflugs mit alten Freunden, werden wir uns vergnügt an unsere schönsten und schlimmsten Zeiten erinnern. Natürlich ist es möglich, dass die alte Wunde immer noch etwas schmerzt, aber zumindest können wir eine spannende Geschichte zum Besten geben.

Das Gleiche gilt auch für die Frage, ob es besser ist, etwas zu tun und damit zu scheitern, als nie aktiv zu werden. Wie Daniel Gilbert in seinem Buch ›Ins Glück stolpern‹ zeigt, riskieren wir zahlreichen Studien zufolge lieber etwas, als auf Nummer sicher zu gehen. Menschen jeden Alters und aus allen Gesellschaftsschichten bereuen die Dinge viel mehr, die sie nicht getan haben, als das, was sie getan haben. Es ist leichter, sich das eigene Scheitern einzugestehen, als vor sich selbst zu rechtfertigen, warum man gekniffen hat. Wir applaudieren uns und anderen dafür, es zu versuchen, selbst wenn die Dinge nicht so laufen, wie wir es uns erhofft hatten. »Ich habe mein Bestes versucht« ist eine Auszeichnung, »Ich habe es nicht versucht« ein Schandfleck.

Roger ist ein gutes Beispiel. Er hatte ein gut gehendes Delikatessengeschäft, eröffnete aber zu schnell ein zweites in einer anderen Lage und ging damit finanziell baden. In der Phase, als er immer tiefer in Schulden versank, hätte er einem auf die Frage, ob er sein gewagtes Unterfangen bereute, sicher eine Ladung extra scharfer Chilischoten an den Kopf geworfen. Aber die Zeit lässt uns vieles aus der Rückschau anders betrachten. Heute würde Roger sagen, dass er unheimlich viel dabei gelernt hat und nun ein viel besserer Geschäftsmann ist. Mittlerweile arbeitet er sogar als Franchiseberater.

»Wie würde Ihr Leben heute aussehen, wenn Sie damals nicht versucht hätten zu expandieren?«, fragte ich ihn.

»Diese Frage habe ich mir sehr oft gestellt«, antwortete er.

»Ich glaube, ich würde in meinem ersten Laden sitzen und denken, dass ich mehr tun könnte und sollte. Ich wäre wahrscheinlich frustriert und enttäuscht von mir selbst.«

Nicht aktiv zu werden ist zwar sicherer, aber wenn die Jahre vergehen, fühlt man sich mehr und mehr wie ein Feigling. Die Sorge, unsere Situation durch unser Handeln möglicherweise zu verschlechtern, nährt die Angst vor einem Scheitern. Wir befürchten, nie wieder zur Ausgangsposition zurückzugelangen – wenn wir Zeit, Geld, Energie und unseren Ruf für eine Sache riskieren, die schieflaufen könnte. Und dann am Ende emotional und finanziell schlechter dazustehen als zuvor.

Nehmen wir an, Sie genießen beruflich ein sehr hohes Ansehen. Sollen Sie das etwa aufs Spiel setzen, indem Sie verkünden, dass Sie einen völlig neuen Markt erschließen wollen? Was ist, wenn Sie dabei keinen großen Erfolg haben? Sie werden im Büro nicht mehr der Star sein. Andererseits muss jeder Bürostar neue Wege finden, um weiterhin zu glänzen, sonst wird er von anderen aufstrebenden Kollegen aus seiner Position verdrängt. Aber dennoch, wenn wir uns auf einen dünnen Ast vorwagen, könnte er unter unserem Gewicht brechen. Lohnt sich das? Ja, es lohnt sich! Denn das Scheitern wie das Untätigbleiben führen zum selben Boxenstopp – dem Bedauern. Aber wenn wir scheitern, können wir uns zumindest mit unserem Einsatz brüsten. Wir können festhalten, dass wir etwas gelernt haben, und den Boxenstopp gestärkt verlassen, um die nächste Runde in Angriff zu nehmen. Verfolgen wir unsere Ideen dagegen nicht weiter, wiederholen wir lediglich gebetsmühlenartig, wie toll alles hätte werden können. Dann grübeln wir darüber nach, welche schrecklichen Dinge hätten passieren können. Nur um schließlich wieder daran zu denken, wie toll alles hätte werden können ... bis zum Abwinken.

Die Weisheit in den Trümmern finden

Natürlich ist es eine Sache zu sagen, wir lernen aus unseren Fehlern, und eine andere, tatsächlich Erkenntnisse in den Trümmern zu finden. Menschen mit dem Dranbleib-Faktor werden darin immer versierter. Schließlich ist der Weg von hier nach dort in den seltensten Fällen wie eine Fahrt mit dem Aufzug, bei der wir sofort im Penthouse landen. In der Regel bewegen wir uns zu den besten Zeiten zwei Schritte nach vorne und einen zurück.

Das Geheimnis, nach diversen Fehlschlägen immer wieder auf die Füße zu kommen und sich den Staub aus den Kleidern zu klopfen, besteht darin, sich nicht mit seinem Misserfolg zu identifizieren. Falls wir auf dem Weg zu unserem Ziel stolpern, sollten wir daher überlegen, warum wir das Schlagloch in der Straße nicht gesehen haben, aber zu keinem Zeitpunkt sollten wir uns für hoffnungslose, ungeschickte Tollpatsche halten.

Um aus Misserfolgen lernen zu können, dürfen wir sie nicht persönlich nehmen. Menschen mit dem Dranbleib-Faktor führen Misserfolge auf mangelnde Informationen zurück, auf eine Fehleinschätzung oder auf Ereignisse, die sich außerhalb ihrer Kontrolle befinden. Sie fühlen sich zwar für das Scheitern verantwortlich, aber sie machen sich keine Vorwürfe. Das ist ein großer Unterschied. Es geht darum zu erkennen, dass wir in der Lage sind, Entscheidungen zu fällen und die Verantwortung dafür zu übernehmen. Agieren wir aus einer solchen Position der Stärke heraus, sind wir bereit, die enttäuschende Situation erneut zu betrachten und uns zu fragen, wie wir anders hätten vorgehen können. Sich Vorwürfe zu machen bedeutet dagegen, sich jeden Morgen vor dem Spiegel mit der Haarbürste auf den Kopf zu hauen und dabei zum eigenen Spiegelbild zu sagen: »Ich bin völlig unfähig.« Da Menschen mit dem Dranbleib-Faktor einen Misserfolg nicht als persönliches Versagen betrachten, benutzen sie ihre Haarbürste nicht als Hammer.

Eine gefragte Eiskunstlauftrainerin hat mir einmal erzählt, wie sie ihre Wahl unter den vielen Eiskunstläufern trifft, die mit ihr trainieren möchten: »Es ist mir egal, wie oft jemand hinfällt«, sagte sie. »Wichtig ist, wie oft jemand wieder aufsteht. Ich kann nur mit Menschen arbeiten, die sich nicht mit ihren Fehlern identifizieren; das sind die Leute, die wirklich daran glauben, dass sie sich verbessern können.«

Natürlich können nur die wenigsten Menschen unmittelbar von einem Desaster zu einer nüchternen Betrachtung übergehen, ohne zunächst etwas über die Götter zu schimpfen und zu wettern. Aber sobald man seinem Unmut Luft gemacht hat, besteht der nächste Schritt darin, sich einen Kaffee zu kochen, zu entspannen und die eigene Situation so zu betrachten, als handele es sich dabei um ein Kreuzworträtsel in der Wochenendausgabe. Bleiben Sie unvoreingenommen, während Sie die Hinweise untersuchen, die bereits im Vorfeld auf ein Scheitern hingedeutet haben. Das Ziel besteht darin herauszufinden, warum die Dinge schiefgelaufen sind, damit Sie das Problem beheben, vermeiden oder, falls nötig, akzeptieren können.

Was hätte ich anders machen können?

Als Roger über seine Situation nachdachte, fragte er sich nicht: »Warum habe ich versagt?« Wer den Dranbleib-Faktor hat, will stattdessen wissen: »Was hätte ich anders machen können?«, wenn er in ein Schlagloch tritt und stolpert.

Wenn Sie sich fragen »Warum habe ich versagt?«, setzen Sie sich dem Urteil des härtesten Kritikers aus – Ihrem eigenen Urteil nämlich. Die Frage beinhaltet einen Vorwurf und führt direkt zur Attacke mit der Haarbürste. »Ich habe versagt, weil ich nichts in der Birne habe. Ich bin ein Idiot.« Das sind keine aufbauenden Gedanken, die Sie gestärkt und weiser zurück auf Ihren Weg bringen. Und diese Gedanken werden Sie auch nicht frei machen, um Ihr Projekt weiterzuverfolgen. Denn wie bereits erwähnt, benötigt man einen abenteuerlustigen Geist, um dranzubleiben. Und damit die Bereitschaft, sich selbst einige Umwege zuzugestehen, während man ein neues Gebiet erkundet. Es gibt keinen Unternehmer, Wissenschaftler, Künstler oder Athleten auf der Welt, der auf dem Weg zum Erfolg nicht einige Fehler gemacht hätte. Wie Oscar Wilde einmal so treffend gesagt hat: »Erfahrung ist der Name, den die Menschen ihren Irrtümern geben.«

Fragen wir uns aber, was wir hätten anders machen können, wird die Selbstgeißelung schwächer und wir sind bereit, Probleme zu beheben und die Situation zu akzeptieren. Roger sagte, er hätte seine finanzielle Situation sowie die Standortbedingungen gründlicher prüfen können, bevor er sein zweites Geschäft eröffnete. Für seine Entscheidung hatte er zu wenig Grundlagen. Doch diese Erfahrung half ihm, ein guter Unternehmensberater zu werden.

Selbst wenn wir wissen, dass wir am meisten aus Fehlern lernen, lähmt uns die Angst vor dem Scheitern. Ein Misserfolg lässt sich mit dem Entfernen eines Pflasters vergleichen: Wir erwarten, dass es stärker wehtut, als es letztlich der Fall ist.

Kurz gesagt, ein Misserfolg wird uns etwas schmerzen und er bestürzt uns, aber wir werden darüber hinwegkommen. Hunderte von Studien zeigen, dass ein negativer Ausgang uns nicht so lange oder so intensiv beeinträchtigt, wie wir es erwarten.

Nancys Lebenslauf liest sich wie ein einziger langer Nachruf. Sie hat bei so vielen Zeitschriften und Zeitungen gearbeitet, die pleitegegangen sind, dass manche Leute sich bereits fragen, ob ihr ein böser Fluch anhaftet. Aber während Verleger vielleicht am liebsten in Deckung gehen würden, sobald sie auftaucht, lässt Nancy sich durch die Spur bankrotter Unternehmen, die ihren Weg pflastern, überhaupt nicht beeindrucken. »Ich habe das nun schon so oft mitgemacht«, sagte sie lachend, »ich weiß, wie das Ganze abläuft. Am Anfang denkt man: ›Oh je, ich weiß nicht, was ich tun soll.‹ Dann sagt man sich: ›Okay, ich muss mich zusammennehmen.‹ Und schließlich erreicht man den Punkt, an dem man zu sich sagt: ›So ist das Leben nun mal. Jetzt muss ich mir überlegen, was ich tun werde.‹ Ich musste mir bereits so oft einen neuen Job suchen, dass mittlerweile nichts mehr mein Vertrauen in meine Fähigkeit zu überleben erschüttern kann. Mal ist man oben, mal ist man unten und nach einer Weile ist man wieder oben.« Heute gehört Nancy zu den wenigen freiberuflichen Journalisten, die keine Panik bekommen, wenn die Auftragslage mau ist. Stattdessen verschickt sie in so einem Fall morgens verschiedene Themenvorschläge an Zeitschriftenredaktionen und geht nachmittags unbeschwert ins Kino.

Zu scheitern klingt schlimmer, als es ist

Zu scheitern ist längst nicht so traumatisch, wie viele Leute sich das vorstellen. Es gibt nur wenige Situationen im Leben, mit denen wir überhaupt nicht umgehen können, selbst wenn die Lösung, die wir letzten Endes finden, womöglich ganz anders aussieht als erwartet. Schließlich können wir uns stets auf die Garantie verlassen, die das Dranbleiben uns bietet: Wir wissen nicht immer, wohin unsere Beharrlichkeit uns genau führen wird, aber wir wissen, dass sie uns weiterbringt.

Vielleicht haben Sie einen Traum und wollen ihn auf keinen Fall aufs Spiel setzen. Falls Sie vor diesem Dilemma stehen, hält die Furcht vor dem Scheitern Sie in einem eisernen Würgegriff fest.

Ein Traum kann so erfüllend sein. Wir fühlen uns großartig, während wir detailliert beschreiben, wie sich unsere Zukunft entfalten wird. Es ist wie beim Lottospielen. Von dem Moment an, in dem wir den Lottoschein kaufen, bis zum Tag der Ziehung, haben wir großen Spaß dabei, uns das kleine Chalet in den Bergen auszumalen, das wir mit unserem Gewinn kaufen werden.

Laura erzählt allen Leuten, dass sie Schriftstellerin ist. Damit identifiziert sie sich. Ihren Job in einer Bank macht sie nur, um ihre Rechnungen bezahlen zu können, ansonsten arbeitet sie an ihrem humoristischen Roman über eine Mutter, die zur gleichen Zeit in die Wechseljahre kommt wie ihre Tochter in die Pubertät. Sie hat den wesentlichen Inhalt des Romans sowie dieselben beiden Szenen schon so vielen Leuten so oft erzählt, dass sie selbst schon fast meint, sie hätte ihr Buch bereits vollendet. Doch das ist keineswegs der Fall.

Laura hat in den letzten vier Jahren circa 25 Seiten geschrieben und immer wieder überarbeitet. Ich würde nicht darauf wetten, dass sie noch mehr zu Papier bringen wird, denn je länger Laura über ihr Projekt spricht, desto offensichtlicher wird, dass ihr die Vorstellung, eine Schriftstellerin zu sein, viel besser gefällt als das Schreiben selbst. Sie möchte ihren Namen gerne auf dem Umschlag eines Bestsellers sehen, der mit

Susan Sarandon und Miley Cyrus in den Hauptrollen verfilmt wird. Solange sie über ihr Projekt spricht, ist es real genug, ihr das Gefühl zu verleihen, tatsächlich eine Autorin zu sein und alle Chancen auf Ruhm und Reichtum zu haben. Sollte sie das Buch aber schreiben, das Manuskript verschiedenen Agenten schicken und nur Absagen erhalten, müsste sie nicht nur mit der Ablehnung fertig werden, auch ihr Traum könnte mit einem Mal zerplatzen.

Ich erwähnte Lauras Situation gegenüber einer Klientin, die ihr erstes Buch fast abgeschlossen hatte, und fragte sie, ob sie diese Befürchtung teilte. »Nein, überhaupt nicht«, antwortete sie. »Für mich ist ein Autor jemand, der schreibt. Vielleicht wird mein Buch eine ganze Weile lang nicht veröffentlicht, wenn es überhaupt je dazu kommt, aber solange ich an meinem Computer sitze und Bücher schreibe, bin ich in meinen Augen eine Schriftstellerin. Und warum sollte ich es auch anders sehen?«

Aus Träumen können Schreckgespenster werden

Ein Traum, der nie eine konkrete Gestalt annimmt, wird zu einem Schreckgespenst. An irgendeinem Punkt wird er als Misserfolg über unserem Kopf schweben. Das befürchtete Scheitern ist quasi garantiert, und zwar paradoxerweise nicht, weil wir aktiv werden und Fehler machen, sondern weil wir untätig bleiben. Deshalb sind sich alle Menschen, die ihre Projekte verfolgen, in Bezug auf ihre Träume einig. Sie wehren sich dagegen, in Fantasien mit einem märchenhaften Happy End hängen zu bleiben und konzentrieren sich auf den realen täglichen Prozess, ihrem Ziel näher zu kommen.

Die Angst zu scheitern kann überraschenderweise auch durch Personen ausgelöst werden, die uns unterstützen. Da wir darauf vertrauen, dass die Menschen aus unserem persönlichen Umfeld nur unser Bestes wollen, hören wir aufmerksam zu, wenn sie der Meinung sind, unser Vorstoß in ein neues Gebiet werde nichts Gutes bringen. Ihre Schreckensszenarien machen uns nervös. Und angesichts der ganzen Sorgenkrämerei vergessen wir nachzufragen, wann und wo die anderen eigentlich die Fähigkeit erworben haben, unsere Zukunft vorherzusagen.

Violas Geschichte ist ein gutes Beispiel dafür. Ihre Familie besitzt ein Wirtschaftsprüfungsunternehmen, und seit Viola als Kind mit ihrer ersten Eins in Mathematik nach Hause gekommen war, erwarteten die anderen von ihr, später einmal ins Unternehmen einzusteigen. Doch eines Tages sorgte die sonst so fügsame Viola beim Abendessen für einen Schock. Sie verkündete, dass sie nicht länger Steuererklärungen bearbeiten, sondern eine Gastronomieschule besuchen wolle.

»Mein Vater sagte: ›Wir sind eine Familie von Wirtschaftsprüfern und keine Köche.‹ Meine Mutter sagte: ›Du musst verrückt geworden sein; die Arbeitszeiten in der Küche sind schrecklich, außerdem wird man dort wie der letzte Dreck behandelt.‹ Mein älterer Bruder sagte: ›Du bist zu alt dafür; du wirst nie einen Job bekommen.‹ Mein Schwager sagte: ›Als Köchin verdienst du kaum etwas. Wie willst du mit so einem schlechten Gehalt deine Eigentumswohnung abbezahlen?‹ Meine Schwester sagte: ›In einer Küche ist es heiß und alles ist fettig. Deine Haare werden extrem darunter leiden und du wirst eine unreine Haut bekommen.‹« Als Viola ihrer Familie erklärte, wie sehr ihr dieser Beruf seit jeher am Herzen lag, sagten ihr alle, sie dürfe ihnen jederzeit gerne das Abendessen kochen.

Am Ende glaubte Viola, dass die anderen recht hatten. Also behielt sie in dem Jahr ihren Job und kaufte sich eine ganze Reihe von Kochbüchern. Aber als sie eines Tages wieder einmal gelangweilt in einer Besprechung saß, fiel ihr plötzlich auf, wie einhellig alle am Tisch mit dem Kopf nickten, als sie den Worten ihres Vaters beipflichteten. Das alte Klischee, dass Menschen wie eine Herde Schafe sind, schoss ihr durch den Kopf. In diesem Moment wurde ihr bewusst, wie sehr wir uns alle wünschen, dass die anderen so denken und handeln wie wir. Einer Meinung zu sein verleiht uns ein Gefühl der Sicherheit und Zugehörigkeit. Den Menschen in Violas Leben war nicht wichtig, was sie wollte; ihnen machte lediglich zu schaffen, was Viola *nicht* wollte. Als sie das erkannte, wollte sie nicht länger in die Fußstapfen der anderen treten. Keiner ihrer familiären Berater hatte je in einer Küche gearbeitet oder wünschte es sich. Und keiner gab ihr einen kompetenten Rat; alle drängten Viola nur dazu, sich der allgemeinen Meinung anzuschließen. Mittlerweile besucht Viola eine renommierte Gastronomieschule.

TIPPS FÜR DAS SELBST

Prüfen Sie stets, woher die Sorgen stammen, die andere Leute sich um Sie machen. Wenn jemand Ihnen all die schrecklichen Dinge aufzählt, die seiner Meinung nach passieren werden, falls Sie Ihren Plan verfolgen, sollten Sie sofort und notfalls sogar etwas aggressiv nachhaken: »Woher willst du das wissen?« Wahrscheinlich werden Sie feststellen, dass die Informationen Ihres Gegenübers eher dürftig sind. In den meisten Fällen wird der andere den Freund eines Freundes zitieren oder sagen, er habe es irgendwo gelesen. Sofern Sie es für angemessen halten, sollten Sie Ihren Gesprächspartner ansehen, als hätte er Ihnen gerade erzählt, der Mond sei ein Weichkäse. Sagen Sie kopfschüttelnd: »Warum sollte ich mein Leben von irgendeinem Artikel oder der angeblichen Erfahrung einer Person, die ich nicht einmal kenne, bestimmen lassen?« Falls Sie etwas diplomatischer auftreten wollen, passt: »Ich werde mich genauer über dieses Thema informieren, dann können wir gerne noch einmal darauf zurückkommen.« Betonen Sie dabei das Wort »informieren«. Falls Ihr Gesprächspartner Erfahrungen aus erster Hand vorweisen kann, sollten Sie offen dafür sein, etwas Neues von ihm zu hören, und ihn dann fragen: »Könnte es nicht sein, dass irgendwo irgendjemand damit erfolgreich war?« Der andere wird antworten: »Ja, aber ...« Sprechen Sie über das »Aber« und beenden Sie das Ganze mit: »Damit dürfte alles gesagt sein.« Wie der religiöse Autor Edwin Cole einmal so treffend gesagt hat: »Lassen Sie niemanden Ihre Welt für Sie erschaffen, denn andere werden sie stets zu klein gestalten.«

Kämpfen Sie mit Ihrer Angst, nicht mit der Angst anderer

Wir alle haben eigene Ängste. Wir müssen daher nicht auch noch die Ängste anderer übernehmen, egal wie gut sie es mit uns meinen. Falls wir mit Angst zu kämpfen haben, sollten wir zumindest sichergehen, dass es sich um unsere eigene handelt. Eine Idee zu verfolgen bringt Veränderungen mit sich, und Veränderungen wirken für viele bedrohlich. Es ist wie bei dem unglücklich verheirateten Paar, das uns davon abrät, unsere eigene triste Beziehung zu beenden. Jemand, der bereit ist, Dinge drastisch zu verändern, und riskiert, dass er scheitert, macht andere nervös.

Menschen mit dem Dranbleib-Faktor wissen, dass gewisse Misserfolge unvermeidbar sind. Sie betrachten diese aber lediglich als Rückschläge, nicht als persönliches Versagen. All den erfolgreichen Leuten, die ich interviewt habe, gefiel die Tatsache, dass sie ihre Ziele verfolgten. Sie waren zwar manchmal frustriert oder auch richtig geknickt, wenn sie falsche Entscheidungen getroffen hatten oder äußere Umstände, auf die sie keinen Einfluss hatten, gegen sie arbeiteten, aber sie konnten mit Enttäuschungen und Schwierigkeiten umgehen. Was sie nicht tolerieren konnten, war untätig zu sein.

Kernpunkte

- Falls Sie unter einer lähmenden Angst vor dem Scheitern leiden, sollten Sie sich bewusst machen, dass es leichter ist, Fehler zu rechtfertigen und zu akzeptieren, als die eigene Untätigkeit zu erklären, auch sich selbst gegenüber.
- Ein Misserfolg tut nicht so weh, wie wir annehmen. Wir übertreiben stets, wenn wir uns vorstellen, wie wir uns in der Zukunft fühlen werden.
- Wenn Sie aktiv werden, haben Sie keine Garantie, dass Ihr Traum ein märchenhaft gutes Ende nehmen wird. Aber zumindest werden Sie eine wahre Geschichte zu erzählen haben, ob sie nun gut oder schlecht ausgeht. Das wird Ihrem Leben einen größeren Sinn und mehr Schwung verleihen als ein Ziel, das Sie nie verfolgt haben.

Übung

Briefe aus der Zukunft

Wir alle haben schon des Öfteren an die Weggabelungen auf unserem Lebensweg zurückgedacht und uns gefragt, was passiert wäre, wenn wir uns anders entschieden hätten. Heute stehen Sie an einer weiteren Kreuzung. Werden Sie an Ihrer Idee dranbleiben oder nicht?
Um sich die Entscheidung zu erleichtern, können Sie gedanklich im Zeitraffer zu Ihrem Geburtstag in fünf Jahren vor-

wärtsspulen, indem Sie die Lücken in den folgenden beiden Briefen ausfüllen. Sie sollen Ihnen eine Vorausschau darauf bieten, wie Sie sich in ein paar Jahren fühlen könnten, wenn Sie Ihr Ziel verfolgen, und wie Sie sich möglicherweise fühlen, wenn Sie es nicht tun.

Ich habe mein Ziel verfolgt:

Liebe/r _____ ,

es ist kaum zu glauben, dass es bereits fünf Jahre her ist, seit ich dir zum ersten Mal etwas über mein Vorhaben geschrieben habe, dass ich gerne _____ möchte.
Ich erinnere mich, dass ich mich damals gefragt habe, ob ich meinen Plan wirklich umsetzen würde. Nun, ich habe es tatsächlich getan.
Ich weiß noch, wie ich all die Gründe durchgegangen bin, warum ich meine Idee nicht verfolgen sollte. Ich war meiner Meinung nach zu _____
_____
_____ .

Ich glaube, ich habe dabei keine Ausrede ausgelassen. Aber dann kam die entscheidende Wende.
Mir wurde bewusst, dass ich in fünf Jahren ___ Jahre alt sein würde. (Interessanterweise hört es sich für mich heute nicht mehr so alt an wie damals.) Und dann kam mir der folgende Gedanke: An diesem Geburtstag würde ich mich wahrscheinlich entweder darüber freuen, dass ich _____
_____
_____

oder ich würde bedauern, dass ich _____
_____
_____
_____

_____

_____ .

In diesem Moment entschloss ich mich, den ersten Mikro-Schritt zur Verwirklichung meines Ziels zu machen und danach weiterhin jeweils einen Mikro-Schritt nach dem anderen – bergauf und bergab, durch einige unwegsame Abschnitte hindurch, bis ich mein Ziel erreicht haben würde. Was mich durchhalten ließ, war meine Überzeugung, das Richtige zu tun, weil _____

_____

_____

_____

_____

_____ .

Heute bin ich froh darüber, dass _____

_____

_____

_____ .

Zu den Dingen, die ich nun mache und die mich erfüllen und aufbauen, gehören _____

_____

_____

_____ .

Wenn andere Leute mich treffen, wollen sie immer von mir wissen _____

_____

_____ .

Was hat sich noch im meinem Leben verändert? Zum einen bin ich nicht mehr derselbe Mensch wie vor fünf Jahren. Meine Beziehung zu mir selbst hat sich verändert. Ich bin weniger _____ und mehr

_____ . Und meine Beziehungen zu _____ haben sich ebenfalls verändert, weil ich _____

Kämpfen Sie mit Ihrer Angst, nicht mit der Angst anderer

_____

_____

_____

_____ .

Vor fünf Jahren habe ich mir selbst versprochen, dass ich an diesem Geburtstag auf mich anstoßen würde, und das tue ich hiermit. Auf mich, weil ich _____

_____

_____

_____

_____ .

Auf die Zukunft, mit den besten Wünschen
dein/e

Ich habe mein Ziel nicht verfolgt:

Liebe/r _____ ,

erinnerst du dich daran, dass ich vor fünf Jahren eine groß-artige Idee hatte? Ich wollte gerne _____

_____

_____

_____ .

Ich finde die Idee immer noch brillant. Aber ich habe sie nie verwirklicht. Wenn ich zurückblicke, denke ich, dass ich zu

_____

_____ war und zu _____

_____ um dranzubleiben. Bedauere ich irgend-etwas? Hin und wieder ertappe ich mich dabei, dass ich mich frage, ob _____

_____

_____

_____ .

Wahrscheinlich habe ich gedacht, die Dinge würden einfach mit der Zeit von alleine passieren, ohne dass ich _____

_____

_____ müsste, sodass ich heute bereits

_____

_____

_____ .

Es ist seltsam, wie die Zeit vergeht; die Jahre rauschen nur so vorbei, doch man selbst hat sich kaum bewegt. Wenn ich die letzten fünf Jahre noch einmal wiederholen könnte, würde ich

_____

_____

_____

_____

_____ .

Ich verbringe meine Zeit immer noch mit _____

_____

_____ .

Und ich fühle mich dabei immer noch _____

und _____

_____ .

Ich hoffe und warte nach wie vor darauf, dass _____

_____

_____

_____

_____ , genau so wie ich es vor fünf Jahren gemacht habe.

Was habe ich eigentlich gelernt? Nun, ich habe gelernt _____

_____

_____

_____

_____

_____ .

Mit lieben Grüßen
dein/e

Nachwort

Ich muss Ihnen ein Geständnis machen. Ich habe Jahre gebraucht, um dieses Buch zu schreiben, und viele Male war ich sehr nah dran, das halb fertige Manuskript auf den Stapel mit den anderen unvollendeten Texten zu legen, die in einem Karton ihr Dasein fristen. Ich war nahe dran, von jedem einzelnen »Aber« besiegt zu werden, das ich in diesem Buch beschrieben habe. Ich habe meine Begeisterung hinterfragt. Als eine Agentin mir empfahl, meine Erkenntnisse in einem Roman statt in diesem Buch zu verarbeiten, war ich monatelang verunsichert. Ich fragte mich, ob ich meine Zeit mit Schreiben tatsächlich sinnvoll nutzte. Ich verlor Energie. Ich brachte das Buch zunächst im Selbstverlag heraus, ohne groß Ahnung zu haben, wie ich es anstellen sollte. Ich zögerte, das nötige Geld zu investieren. Ich war ungeduldig mit mir und dem ganzen Prozess. Ich lief durch die Buchhandlungen und fragte mich, ob ich mir die Mühe wirklich machen sollte. Ob ich Zweifel und Selbstkritik kenne? Die Frage dürfte sich erübrigen.

Wie ich auf den ersten Seiten beschrieben habe, fehlte meiner Mutter der Dranbleib-Faktor, und der Apfel fiel nicht weit vom Stamm. Dieses Buch ist nicht nur eine Sammlung bewährter Strategien, die bei meinen Klienten funktioniert haben, es beschreibt auch meine persönliche Reise. Angesichts der Tatsache, dass ich seit vielen Jahren anderen Menschen helfe, ihre Ziele zu erreichen, mag das seltsam klingen. Aber wir alle wissen eigentlich nur zu gut, wie schwer es uns fällt, selbst die Dinge umzusetzen, die wir anderen empfehlen. Ich reihe mich in dieser Hinsicht hinter den Managern ein, die allen anderen eine Pause zugestehen, nur sich selbst nicht, hinter den Steuerberatern, die ihre eigene Steuererklärung zu spät abgeben, und hinter einem renommierten Hypnotherapeuten, der unter Schlafstörungen leidet. Nachdem er mir versichert hatte, wirklich im Ernst zu reden, gestand ich, dass ich eine Expertin zum Thema Dranbleiben bin, die einen unvollendeten Krimi, einen weiteren halb fertigen Roman und eine Reihe von Förderanträgen in der Schublade hat. Nein, auch ich mache keine Witze.

Daher ist die Tatsache, dass Sie dieses Buch lesen, der beste Beweis dafür, dass Sie Ihr Ziel definitiv erreichen werden, wenn Sie die hier beschriebenen Strategien anwenden. Der Prozess wird sich bei jedem auf eine andere Weise entwickeln. Ich selbst habe die Erkenntnisse von Menschen mit dem Dranbleib-Faktor nicht immer sofort auf meine eigene Situation angewendet. Aber wie Teile eines Liedtextes, die sich in unserem Kopf festsetzen, haben sich mir die Lebensweisheiten dieser Leute tief eingeprägt.

Als mein Leben extrem hektisch wurde und ich keinen Funken Energie für dieses Projekt übrig hatte, quälte mich der Gedanke, auch nur einen Mikro-Schritt zu machen. Schließlich gab ich klein bei und vereinbarte mit mir selbst, jeden Tag einen Gedanken in einem elektronischen Notizbuch festzuhalten. Als ich ungeduldig wurde, weil sich das Projekt so lange hinzog, rief ich mir in Erinnerung, dass ich kein Flugzeug erwischen musste, und hielt mich auf diese Weise gerade noch davon ab, die Datei in einem unüberlegten rastlosen Moment zu löschen. Meinen Kriegsschrei »Dieses Mal nicht!« machte ich zu einem morgendlichen Mantra, das mir half, meine alte Gewohnheit zu überwinden, vor dem Ende der Reise von Bord zu gehen. Mein »Brief aus der Zukunft« wurde mein Manifest. Ich steckte ihn bewusst vor ein gerahmtes Foto, das mich lesend unter Palmen in einer Hängematte zeigt. Ich wollte nicht ständig daran erinnert werden, dass ich lieber las, als auf einen leeren Bildschirm zu starren und mir zu überlegen, wie ich ein neues Kapitel beginnen sollte.

Aufgrund meiner eigenen Kämpfe weiß ich, dass Sie früher oder später Ihren Durchbruch haben werden, selbst wenn Sie erst mal nichts anderes tun, als diese Dranbleib-Strategien im Hinterkopf zu behalten.

Erfolg führt zu weiterem Erfolg, das ist eine treibende Kraft, mit der Sie rechnen können. Sobald Sie ein Hindernis überwunden haben, werden Sie auch das nächste überwinden. Wenn Sie ein Projekt umsetzen, werden Sie auch das nächste verwirklichen. Ich habe häufig gestaunt, wie schnell meine Klienten nach Erreichen eines Ziels das nächste Projekt in Angriff nahmen. Mittlerweile weiß ich aus eigener Erfahrung, dass es kein Zurück mehr gibt, sobald man den Dranbleib-Faktor einmal für sich genutzt hat. Man ist nicht mehr derselbe Mensch wie zu Beginn eines Projekts, denn dranzubleiben ist eine Sache der Einstellung.

Sobald wir eine Vereinbarung mit uns selbst treffen, das zu tun, was für uns selbst stimmig ist, wird es unmöglich, je wieder zu denken, wir seien bei der Verwirklichung unserer Ziele von anderen abhängig. Wir werden nie mehr däumchendrehend dasitzen und darauf hoffen, dass Geld und Kontakte vom Himmel fallen oder dass eine detaillierte Anleitung in unserem E-Mail-Eingang landet. Die Zeit und die Umstände sind nie ideal, das wissen wir. Haben wir aber einmal erlebt, wie spannend es ist, an einem Projekt dranzubleiben, entwickeln wir uns zu einem Entdecker. Wir akzeptieren, dass wir zwangsläufig auf unvorhergesehene Situationen stoßen werden, aber wir machen uns deswegen keine Sorgen, weil wir wissen, fast jedes Hindernis überwinden zu können.

Ich habe dieses Buch nicht besonders schnell geschrieben, aber der kleine Tritt, den ich mir dafür gegeben habe, ist nichts im Vergleich zu dem Gefühl jetzt, denn nun kann ich mir freudig auf die Schulter klopfen, weil ich es geschafft habe. Ich bin sehr zufrieden mit mir. Und letztlich geht es nur darum. Mein Einsatz hat die Beziehung zu mir selbst gestärkt; ich habe das Gefühl, etwas getan zu haben, das für mich richtig und stimmig war.

Während des ganzen Prozesses habe ich immer wieder meine Motivation geprüft. Und ich rate Ihnen ebenfalls, sich diesbezüglich regelmäßig zu hinterfragen. Ich selbst wollte andere Menschen an der unstrittigen Erkenntnis teilhaben lassen, dass der Dranbleib-Faktor funktioniert: Er ist umsetzbar und liefert Ergebnisse. Und wenn man die Strategien angesichts von Zweifeln und Herausforderungen anwendet, fühlt man sich großartig. Dieses Wissen wollte ich weitergeben, um andere Menschen bei der Verfolgung ihrer Ziele zu unterstützen. Anderen auf eine pragmatische Weise weiterzuhelfen, macht mich glücklich. Deshalb war ich von der Stimmigkeit meines Projekts überzeugt. Und was wir mit einer tiefen Überzeugung beginnen, werden wir am Ende verwirklichen.

Jeder, der dies liest, kann an seiner Idee dranbleiben und sie umsetzen. Das Buch durchzublättern ist der erste Mikro-Schritt, um den Graben zu überwinden, der zwischen Ihnen und der Verwirklichung Ihres Ziels liegt. Benutzen Sie dieses Buch wie eine Landkarte und gehen Sie vorwärts. Mikro-Schritt für Mikro-Schritt werden Sie sich auf eine der lohnendsten Reisen Ihres Lebens begeben und tolle Geschichten darüber erzählen können. Wenn Sie Ihr Ziel erreichen, können Sie sich in die Riege derjenigen einreihen, die jedes »Aber« überwunden haben und nicht zulassen, dass irgendjemand sie davon abhält, ihre Ideen umzusetzen. Sie werden zu den Menschen mit dem Dranbleib-Faktor gehören. Das heißt, Sie werden Ihr Schicksal selbst kontrollieren.

Anhang

Schlüsselbegriffe

Selbst wenn Sie sich an nichts anderes erinnern, die folgenden Dinge sollten Sie sich gut merken:

Dranbleiben: Das Schlimmste, was Menschen passieren kann, denen es nicht gelingt, an einer Sache dranzubleiben, ist nichts. Das Gegenteil des Erfolgs ist nicht das Scheitern, sondern das Beibehalten des Status quo. (Kapitel 1)

An sich selbst glauben: Dabei geht es um die Beziehung zu sich selbst. Sie sollten davon überzeugt sein, dass es für Sie stimmig ist und es sich lohnt, Ihr Ziel zu verfolgen. Und sei es nur, weil Sie zufriedener mit sich sind, wenn Sie es versuchen. (Kapitel 2)

Erkenntnis: Ob Sie ein Ziel verfolgen sollten oder nicht, finden Sie heraus, indem Sie sich fragen, inwiefern Ihr Vorhaben etwas mit Ihren Interessen und Neigungen zu tun hat. Das ist der sicherste Weg, um zu erkennen, worauf Ihr Glaube an Ihre Idee basiert. (Kapitel 3)

Das Wahre: Das Wahre wird als gültige Perspektive definiert. Doch jede Perspektive hat etwas für sich. Um zu erkennen, was für Sie wahr und stimmig ist, sollten Sie das Wahre als Quelle positiver Energie definieren. (Kapitel 4)

Sinnlosigkeit: Die entscheidende Frage lautet einzig und allein, welchen Sinn etwas für Sie selbst hat. Wenn sich etwas nach Ihrem eigenen Empfinden für Sie lohnt, sollten Sie es weiterverfolgen. (Kapitel 5)

Wahlmöglichkeiten: Auf jedem Pfad gibt es »gute« und »weniger gute« Aspekte. Es ist egal, für welchen Weg Sie sich entscheiden; wählen Sie einfach einen aus und legen Sie los. (Kapitel 6)

Passion: Niemand ist sieben Tage die Woche 24 Stunden lang begeistert, wenn er eine Idee hat und darum ringt, sie zu verwirklichen. Aber wenn Sie Ihr Projekt weiterverfolgen, wird Ihre Leidenschaft dafür wachsen. (Kapitel 7)

Keine Ahnung haben: Ab einem gewissen Zeitpunkt müssen Sie vorwärtskommen, selbst wenn es Ihnen an Erfahrung mangelt. Tun Sie in diesem Fall »so, als ob«, bis Sie Ihre Sache richtig gut beherrschen. (Kapitel 8)

Angst haben: Wenn Angst und Zweifel Sie verspotten, sollten Sie zornig werden. Schreien Sie Ihre inneren Panikmacher an, setzen Sie verbale Schläge ein als wären Sie ein Karate-Meister mit schwarzem Gürtel. Gehen Sie voller Zorn gegen Ihre Furcht an, dann verwandelt sie sich von einem zähne-fletschenden Bullterrier in ein Hündchen mit eingezogenem Schwanz. (Kapitel 9)

Zeit: Machen Sie eine Bestandsaufnahme, wozu Sie im Laufe des Tages »Ja« und wozu Sie »Nein« sagen. Falls Sie meinen, keinen Moment Zeit übrig zu haben, sollten Sie sich Folgendes bewusst machen: Was Sie in jedem einzelnen Moment tun, hängt stets von Ihrer persönlichen Entscheidung ab. (Kapitel 10)

Energie: Fragen Sie sich ein Mal, ob Sie Ihre Idee verwirklichen wollen. Wenn Sie die Frage beantwortet haben, sollten Sie sich daran halten. Stellen Sie sich die gleiche Frage nicht immer wieder aufs Neue. Sie haben sich entschieden; machen Sie nun den nächsten Mikro-Schritt. Selbst die kleinste Aktion setzt Energie frei. (Kapitel 11)

Geld: Geben Sie sich die Erlaubnis, in Ihr Potenzial zu investieren und seien Sie sich stets über Folgendes klar: Selbst wenn der schlimmste Fall eintritt und Sie Ihr investiertes Geld nicht zurückbekommen, werden Sie viel aus der Erfahrung lernen und dieses Wissen in Zukunft nutzen können. (Kapitel 12)

Intuition: Sie sollten eine Verbindung zu Ihrer Intuition suchen, um Selbstvertrauen aufzubauen sowie Zuversicht und Selbstbewusstsein auszustrahlen. Bei Begegnungen mit anderen gewinnen Sie Klarheit, wenn Sie Ihre eigene Position verlassen und sich in die anderen hineinversetzen. Fragen Sie Ihren Gesprächspartner, was er denkt, braucht und fühlt. (Kapitel 13)

Keinen Mentor haben: Schaffen Sie sich Ihren eigenen Mentor, indem Sie all die Komplimente, die Sie je erhalten haben, zusammentragen sowie all Ihre Errungenschaften und Erfolge, aber auch alle Ängste – große und kleine –, die Sie im Laufe Ihres Lebens besiegt haben. Wenn kein Mentor vorhanden ist, müssen Sie mit dem Spiegel vorliebnehmen. (Kapitel 14)

Langeweile: Bei jedem Projekt sind gewisse Routinearbeiten erforderlich. Rechnen Sie daher damit, gelangweilt zu sein, und laufen Sie nicht davor weg. Denn damit würden Sie sich nicht mehr auf Ihr Ziel zubewegen, sondern sich davon entfernen. Bleiben Sie konsequent dran. In den meisten Fällen eröffnen langweilige Phasen den Weg zur Inspiration. (Kapitel 15)

Ungeduld: Wir werden ungeduldig, wenn es nicht in unserer Macht liegt, wann und wie die Dinge geschehen. Am effektivsten können Sie der Ungeduld begegnen, indem Sie sich eine Reihe von realistischen Mini-Schritten überlegen, die Sie selbst umsetzen können. Denken Sie zudem daran, dass Geduld zu zeigen auch eine Form des Handelns ist. (Kapitel 16)

Scheitern: Es ist leichter, Fehler zu akzeptieren und zu rechtfertigen, als die eigene Untätigkeit zu erklären, auch gegenüber sich selbst. (Kapitel 17)

Tipps für das Selbst

Hier einige Erinnerungen und Strategien, die Sie möglicherweise gut brauchen können.

– Nur weil Sie etwas aufbauen, kommen die Leute noch lange nicht zu Ihnen, es sei denn, Sie sorgen dafür. (Kapitel 1)

– Manche Menschen behaupten vielleicht, sie würden Sie besser kennen als Sie sich selbst. Das stimmt nicht! Diese Leute glauben zu wissen, was Sie wollen. Aber nur Sie selbst wissen, was Sie wirklich begeistert oder auslaugt. (Kapitel 2)

– Denjenigen, die Ihnen immer wieder raten, endlos über Ihre Möglichkeiten nachzudenken, sollten Sie nur eines entgegnen: »Die einzige schlechte Entscheidung ist, sich nicht zu entscheiden.« (Kapitel 6)

– Es ist eine leichte Übung, ein Vorhaben zu untergraben und eine Reihe von Gründen anzuführen, warum es sich für Sie nicht lohnt. Der einzige Weg, sich dagegen zur Wehr zu setzen, besteht darin, unbestreitbar negative Punkte einzuräumen und dann ebenso stichhaltige positive Aspekte anzuführen. »Es stimmt, dass die meisten Autoren nicht reich mit ihren Büchern werden, deshalb muss das Schreiben ihnen irgendetwas anderes geben.« (Kapitel 7)

– Wenn Sie ohnehin schon verunsichert sind, können Sie weitere verwirrende Gedanken von Freunden, Verwandten und Kollegen, die noch weniger Ahnung haben als Sie selbst, überhaupt nicht gebrauchen. Falls Sie andere Menschen, die keine Experten auf dem Gebiet sind, nach ihrer Meinung fragen, sollten Sie daher nur gezielte Fragen zu einem bestimmten Aspekt Ihres Projekts stellen. (Kapitel 8)

– Manchen Menschen reicht das Stichwort »etwas riskieren«, und sie werden sofort versuchen, Sie in das gefürchtete Spiel zu verwickeln: »Was machst du wenn … irgendeine der möglichen tausend Katastrophen passiert?« Das Spiel lässt sich rasch beenden, indem Sie sagen: »Ich kann immer noch von der Brücke springen, wenn alles schiefgehen sollte.« (Kapitel 9)

– Fatalisten werden Ihnen sagen »Es soll wohl einfach nicht sein«, wenn Sie eine Idee, die Sie auf Eis gelegt haben, nicht wieder aufgreifen. Doch das ist bloß eine Beschwichtigung, damit Sie sich besser fühlen. Möglicherweise haben Sie sich von Ihrer Idee entfernt, aber das bedeutet nicht, dass sie nicht gut war. (Kapitel 10)

– Sagen Sie anderen Menschen nicht, sie hätten Ihre Zeit zu stark beansprucht und deshalb hätten Sie Ihr Ziel nicht verwirklicht. Niemand möchte schuld an Ihrem Frust sein. Statt einer Entschuldigung werden Sie sich einen Vortrag darüber anhören müssen, wie Sie Ihr Leben besser hätten planen sollen. (Kapitel 10)

– Wir haben so viel Energie, wie wir selbst annehmen. Überdies werden unsere Gedanken leicht durch Dinge beeinflusst, die wir selbst und andere uns sagen. Schonen Sie Ihren Energiehaushalt und weisen Sie mithilfe einer schlagfertigen Erwiderung Leute in die Schranken, die Ihnen auf die Nase binden wollen, wie müde, blass, erschöpft oder gestresst Sie wirken. Zu denjenigen, die Sie nur allzu gerne darauf hinweisen, dass Sie völlig erledigt aussehen, sagen Sie einfach: »Keine Sorge, das trifft nicht nur auf mich zu. Die Beleuchtung hier drinnen ist für niemanden vorteilhaft.« (Kapitel 11)

– Die meisten Menschen verstehen es, wenn Sie viel Geld für einen Sportwagen oder einen riesigen Flachbildschirm ausgeben. Erzählen Sie ihnen aber, dass Sie in Ihre Idee investieren, bekommen Sie häufig nur ein skeptisches »Na, dann viel Glück« zu hören. Niemand tauscht gerne eine konkrete Anschaffung oder etwa einen Segeltörn im Mittelmeer gegen eine vage Möglichkeit ein. Aber trotzdem sollten Sie sich fragen: »Welche Entscheidung könnte mir dabei helfen, meine Zukunft so zu gestalten, wie ich sie mir wünsche?« (Kapitel 12)

– Wenn Sie sich fragen: »Was wäre, wenn?«, sollten Sie nicht zulassen, dass irgendjemand Ihre Frage als albern abstempelt, auch nicht Sie selbst. Alles Neue hat einmal mit einer »albernen« Frage begonnen. Lassen Sie auch die Bemerkung »Das würde nie funktionieren« nicht als Antwort zu. Einen Schritt aus der Realität herauszutreten und sich die Möglichkeiten vorzustellen, fördert Ihre Kreativität. (Kapitel 13)

– Eine Schwäche ist kein Fluch, der Ihnen Ihr Leben lang anhaftet. Menschen entwickeln Stärken, wenn sie es müssen und wollen. Vielleicht werden Sie auf Ihrem Gebiet nie zur absoluten Weltspitze gehören, aber Sie können sich erheblich verbessern. Selbst den unsportlichsten Menschen gelingt es schließlich, auf Inlineskates zur Arbeit zu fahren, ohne sich die Knochen zu brechen. (Kapitel 14)

– Es gibt viele Menschen, die selbst Probleme damit haben, ein Vorhaben umzusetzen. Diese sind ganz scharf darauf, Sie zu einer Pause bei der Verfolgung Ihres Ziels zu ermuntern. Sobald Sie zugeben, dass Ihr Projekt Sie langweilt, tauchen diese Leute an Ihrer Tür auf, um Sie zu retten. Tun Sie Ihrer Zukunft einen Gefallen. Machen Sie die Tür nicht auf. (Kapitel 15)

– Termine sind großartig, um zu motivieren und den Antrieb aufrechtzuerhalten, aber nicht jeder Termin sollte mit einem verbissenen Jetzt-oder-nie gleichgesetzt werden. Falls Sie eine Frist nicht einhalten können, sollten Sie diese verändern. Wenn Sie nicht flexibel sind, ist ein Scheitern möglicherweise vorprogrammiert.

– Prüfen Sie stets, woher die Sorgen stammen, die andere Leute sich um Sie machen. Wenn jemand Sie vor all den schrecklichen Dingen warnt, die seiner Meinung nach wahrscheinlich passieren werden, sollten Sie sofort und notfalls sogar etwas aggressiv nachhaken: »Woher willst du das wissen?« Wahrscheinlich werden Sie feststellen, dass die Informationen Ihres Gegenübers dürftig sind. Machen Sie ihn darauf aufmerksam. Wie der religiöse Autor Edwin Cole einmal gesagt hat: »Lassen Sie niemanden Ihre Welt für Sie erschaffen, denn andere werden sie stets zu klein gestalten.« (Kapitel 17)

Danksagung

Man sagt, es brauche ein ganzes Dorf, um ein Kind zu erziehen. Mir scheint, es braucht auch ein ganzes Dorf, um ein Buch zu schreiben.

Zuallererst möchte ich mich bei meinen Klienten und allen anderen Menschen bedanken, die mir ihre Geschichten erzählt haben. Machen Sie sich keine Sorgen, ich habe aus Gründen der Diskretion Ihre Namen und die Details verändert.

Als ich humorvolle Kolumnen für Zeitschriften schrieb, sagte eine Redakteurin mir einmal, wie sehr sie mich um meine Fähigkeit beneide, meine Aufsätze »so locker aus dem Handgelenk zu schütteln«. Ich zuckte als Antwort zurückhaltend mit den Achseln. Aber in meinem Kopf schrie ich: »*Locker aus dem Handgelenk?!!* Das soll wohl ein Witz sein.« Die Kolumnen kosteten mich Stunden um Stunden, in denen ich Blut und Wasser schwitzte. In der Nacht vor einem Abgabetermin rannte ich manchmal nach oben ins Schlafzimmer, rüttelte meinen Mann wach und fragte ihn in einem angespannten Ton: »Findest du diese Zeile lustig? ... Ach, du findest sie also lustig? Warum lachst du dann nicht?« Daraufhin polterte ich wieder nach unten, um einen neuen Versuch zu starten.

Dieses Buch entstand ebenso wenig wie meine Artikel in einem Rutsch. Und ich möchte vielen Menschen für ihr Feedback, ihre Unterstützung und Geduld danken, während ich schrieb, löschte, schrieb und erneut löschte.

Das Buch erschien zunächst im Selbstverlag. Mein Dank geht an die großartige Redakteurin Linda Jones für ihre Hilfe bei den frühen Fassungen.

Leslie Hayden, eine außergewöhnlich kreative Strategin und sehr witzige Autorin, half mir, eine Richtung zu finden. Ich weiß all die Ferngespräche und E-Mails sehr zu schätzen, aber wäre es zu viel verlangt, uns etwas häufiger zu treffen, vielleicht bei einem Glas Sekt und Scones im Windsor Arms in Toronto?

Ich bin Ann Jansen dankbar für ihre gründliche Durchsicht des Textes, als sie alles andere hatte als Zeit – geschweige denn Platz. Ich werde nie vergessen, wie du mit meinem Manuskript und Textmarkern in allen Farben dagesessen bist, Notizzettel auf dem Tisch verstreut, während dein ganzes Haus in Umzugskartons verpackt war, die um dich herumstanden. Ich werde mir nie wieder etwas von deiner Desserthälfte stibitzen.

Dieses Buch war eine Übung, meine eigenen Empfehlungen zu beherzigen. Ich ließ tatsächlich meinen eigenen Mentor entstehen, aber ich bekam darüber hinaus unschätzbare Hilfe von Vivian George. Ihre Ermutigung und Weisheit spornten mich an.

Ich hätte kein besseres Feedback bekommen können als von Lianne George, Robin King, Jacqueline Hayden und Helen Dolik.

Außerdem bedanke ich mich bei Karen Shopsowitz für ihre Perspektive als Regisseurin und bei Carl und Margaret Nygren für ihre Unterstützung.

Wenn wir unsere Ziele verfolgen, erleben wir natürlich viele Höhen. Ich danke Eric Jensen und Elizabeth Kribs von McClelland & Stewart, die mir einen der schönsten Momente beschert haben, in dem man einfach im Zimmer herumtanzen muss.

Und schließlich ist da noch mein Mann Bill Nygren alias »Es ist gut«. Durch Dick und Dünn, bei allen Zweifeln, bis zum vollendeten Werk warst du die Hand auf meinem Rücken und der Arm um meine Schulter. Danke, dass du immer mein treuster Fan bist.

Schließlich danke ich Julia, weil sie ein »Aber« nie stehen lässt. Und vor allem meiner Mutter, weil sie mich dazu veranlasst hat zu lernen, ein oder zwei Träume einzufangen.

Kein Dank geht an Toby und Olive. Euer dauerndes Bellen, weil ihr Leckerlis und Aufmerksamkeit haben wolltet, war für den kreativen Prozess wirklich nicht sehr förderlich. Ich warne euch beide jetzt schon: Das nächste Mal, wenn ich mich hinsetze, um ein Buch zu schreiben, werde ich all eure Quietschespielzeuge verstecken.